3세에서 7세 교육이
아이의 평생을 결정한다

유아기는 가장 왕성한 발달과 학습이 이루어지는 시기

유아기는 인생에서 가장 왕성한 학습과 발달이 이루어지며 잠재력을 계발하는 중요한 시기입니다.

지능 역시 이 시기에 거의 이루어지는데 만 4세까지는 50%, 만 8세까지는 약 80% 이상이 발달합니다. 뇌세포는 7세경이 되면 90%가 완성되며, 성격도 이 시기에 거의 형성됩니다.

몬테소리 교육으로 유명한 몬테소리 여사는 유아기의 아이들은 듣고 말하고 쓰는 언어 감각과 오감, 올바른 움직임, 그리고 작은 것에 민감하다고 했습니다. 그리고 아이의 발달을 위한 1차적인 책임은 부모에게 있다고 보고 아이의 잠재력과 개성을 연출할 수 있도록 돕는 조력자이자 관찰자가 되어야 한다고 강조합니다.

이 시기에 다양한 활동과 풍부한 경험을 제공하면 아이의 미래는 밝고 건강해집니다.

유아교육 분야의 세계적 석학인 영국 런던대 에드워드 멜휘시 교수의 연구결과에 따르면 유아기에 좋은 교육을 받은 아이는 그렇지 못한 아이에 비해 언어력, 수리력 등의 면에서 훨씬 뛰어난 능력을 보였습니다. 독립성, 사교성이라는 사회적 성격 측면에서도 월등할 뿐만 아니라 고학년이 될수록 학교에서 높은 수학 성적을 받을 가능성이 3.5배나 높아지는 것으로 밝혀졌습니다.

이 책은 유아기 자녀를 둔 부모님에게 필요한 유아교육의 중요성, 유아기 발달특징, 인성교육, 건강관리, 학습, 유아교육기관 안내 등 다양한 정보를 담고 있습니다.

부족하나마 이 책이 유아기 자녀를 둔 부모님께 도움이 되었으면 합니다.

Contents

차 례

Contents

제 1 장

유아기 교육이 평생을 좌우한다

 인생의 중요한 시기, 유아기

『종의 기원』으로 유명한 찰스 다윈에게 한 기자가 가장 영향을 끼친 인물이 누구인지를 물었습니다. 그러자 다윈은 주저 없이 '어머니'라고 대답했습니다. 그런데 찰스 다윈의 어머니는 그가 8살 때 돌아가셨습니다. 기자는 일찍 돌아가신 어머니가 어떻게 많은 영향을 줄 수 있었는지를 물었습니다. 그러자 다윈은 "비록 어머니와 함께한 기간은 길지 않았지만, 어머니는 저에게 대자연을 눈 뜨게 해주셨습니다."라고 대답했습니다.

어머니는 어린 다윈을 데리고 마을을 돌아다니며 자연을 접하게 하였습니다. 다윈은 어머니와 함께 꽃, 풀, 조개, 물고기 등을 관찰하거나 채집하며 하루를 보냈습니다. 유아기 시절 몇 년의 짧은 교육은 어린 다윈의 기억과 경험 속에 자리 잡게 되었고 훗날 생물학 발전에 지대한 영향을 끼치게 됩니다.

우리나라 속담에 "세 살 버릇 여든까지 간다."라는 말이 있습니다. 그만큼 유아기는 인간의 기본적인 바탕을 이루는 중요한 때입니다.

교육학자들은 유아기를 가리켜 인생에서 가장 왕성한 발달과 학습이 이루어지는 시기이며, 바람직한 인간으로 성장하기 위한 기초를 쌓고 잠재력을 계발해 가는 시기라고 했습니다.

지능 역시 이 시기에 거의 이루어지는데 만 4세까지는 50%, 만 8세까지는 약 80% 이상이 발달합니다. 뇌세포는 7세경이 되면 90%가 완성되며, 성격도 이 시기에 거의 형성됩니다.

유아기는 인지·신체·언어·정서·사회성 발달 즉, 신체, 뇌, 감성, 기본생활습관, 지적능력, 친구를 사귀는 능력과 독립심, 도덕심 등이 통합적으로 길러지는 시기라고 할 수 있습니다.

아동 심리학자 허버거스트(Hutburgurst)는 "인간은 태어나면서부터 자라는 나이에 맞게 습득하고 성취해야 하는 과업이 있으며 만약 그 시기에 이루어야 할 일을 이루지 못하면 뒤따르는 발달 단계의 일 역시 이루지 못하게 되거나 어렵다."라고 하였습니다.

유아기는 인생의 어느 시기보다 왕성하게 몸과 마음이 자랄 때입니다. 이때에 발달이 제대로 이루어지지 않으면 이후에 보

인생의 중요한 시기, 유아기

충하더라도 제대로 이루어지기 어려울 뿐만 아니라 교육적 효과
도 떨어지게 됩니다.

몬테소리 여사는 유아기를 '민감기'라고 표현하고 이 시기 유
아에게 세심한 지도와 적절한 환경을 끊임없이 제공해 주어야
한다고 강조했습니다. 그리고 민감기를 두 단계로 나누었는데,
0~3세까지의 무의식적 흡수 시간인 '유아 전기'와 3~6세까지
의 의식적 흡수 시기인 '유아 후기'로 나누었습니다. 유아 전기
는 가능한 많은 사물을 접하여 다채로운 자극을 받게 하며, 무엇
이든 만져보고 싶은 아이의 욕구를 막지 말라고 당부하였으며
유아 후기의 아이들은 듣고 말하고 쓰는 언어 감각과 오감, 올바
른 움직임, 그리고 작은 것에 민감하다고 말했습니다.

몬테소리 여사는 아이들의 발달을 위한 1차적인 책임은 부모
에게 있다고 보고 아이의 잠재력과 개성을 연출할 수 있도록 돕
는 조력자이자 관찰자가 되어야 한다고 강조합니다.

부모님께서도 유아기가 중요한 시기라는 것을 인식하고는 있
을 것입니다. 그러나 어떻게 키워야 할지, 어떻게 해야 제대로
양육하는 것인지 막막합니다. 아마도 첫 아이라면 더욱 그럴 것
입니다. '내가 제대로 키우고 있는 것일까?' 또는 '앞으로 어떻게
키워야 할까?' 등등 여러 가지 생각이 들 것입니다.

유아기를 잘 보낸다는 것은 시설 좋은 유치원에 보내는 것이
나 값비싼 교육을 받는 것만은 아닐 것입니다. 이 시기에는 알맞
은 영양분과 다양한 활동을 할 수 있도록 좋은 교육적 환경을

제1장 유아기 교육이 평생을 좌우한다

마련해 주는 것이 매우 중요합니다. 이러한 양육 방법에 따라 자아 및 성격 형성에 큰 차이가 생길 수 있기 때문입니다.

또래의 친구들과 충분히 어울리고, 호기심을 가지고 무엇인가 시도해 보고, 많은 것을 경험하는 아이로 키워야 합니다. 유아기에 마음껏 체험하지 못한다면, 감성이나 지적능력은 제대로 성장할 수 없을 것입니다.

그렇다고 자녀가 수용할 수 없을 만큼 너무 많은 자극과 활동을 주게 되면 어떻게 될까요? 간혹 유아기 교육을 조기 교육으로 오인하여 무리한 자극과 경험을 강요하는 부모님도 있습니다. 그러나 이것은 유아기 자녀의 발달을 결코 풍요롭게 할 수 없습니다. 이는 갑자기 많은 음식을 한꺼번에 먹는 것과 같습니다. 무리하게 섭취한 음식으로 말미암아 소화도 잘 안 되고, 탈까지 나게 되어 결국 자녀에게 좋지 않은 영향을 주게 될 것입니다.

수필가 로버트 풀검은 ≪내가 정말 알아야 할 모든 것은 유치원에서 배웠다≫라는 책을 저술하였습니다.

기우보이, IBM 세일즈맨, 미술 교사, 목사 등 다양한 직업에 종사한 로버트 풀검은 매년 새해가 되면 그 해에 자신이 지킬 생활신조를 작성하여 지켰습니다. 이 생활신조는 '어떻게 살 것인가?', '무엇을 할 것인가?', '어떤 사람이 될 것인가?' 등에 관한 것이었는데, 그는 생활신조를 작성하면서 이러한 것들을 이미 유치원에서 배웠다는 것을 깨닫게 됩니다.

인생의 중요한 시기, 유아기

로버트 풀검은 "지혜는 대학원이란 산꼭대기에 있는 것이 아니라 유치원의 모래성 속에 있는 것이다."고 했습니다. 그만큼 사람이 살아가는 데 있어서 꼭 필요하고 중요한 것들을 습득하는 시기라는 뜻입니다.

유아기는 마치 백지에 그림을 그리듯이 모든 것을 그대로 흡수하는 때입니다. 유아기 자녀가 인생을 살아가면서 필요한 것들이 무엇인지 고민하고, 그것들을 찾아서 경험할 수 있는 환경을 만들어야 할 것입니다.

나도 사탕을 먹고 있었어요

세계적인 위인 간디에게 유명한 일화가 하나 있습니다. 어느 날이었습니다. 한 부인이 어린아이를 데리고 간디의 집으로 찾아왔습니다.

"선생님, 이 아이의 버릇을 고쳐주세요."

"부인, 어떤 버릇을 가지고 있나요?"

"글쎄, 이 아이는 온종일 사탕을 물고 있어요. 아무리 혼을 내도 사탕을 떼려고 하지 않아요. 선생님은 위대한 분이시니까, 제 아들이 선생님의 말씀은 들을 것 같습니다."

그러자 간디는 조용히 미소를 지으며 다음과 같이 말했습니다.

"부인, 오늘은 안 되겠으니, 며칠 후에 다시 오시지요."

"선생님, 저는 아주 먼 곳에서 왔답니다. 오늘 해 주실 수는 없나요?"

그러자 간디는 단호히 안 된다고 대답했습니다. 부인은 하는 수없이 자녀를 데리고 집으로 돌아갔습니다. 며칠 후 부인은 다시 간디를 찾아왔습니다. 아이는 여전히 입에 사탕을 물고 있었습니다.

간디는 말했습니다.

"애야, 사탕을 많이 먹으면 몸에 해롭단다. 사탕을 어서 빼렴."

그러자 아이는 입안에 있던 사탕을 뱉어냈습니다. 어머니는 기뻐하며 말했습니다.

"선생님, 고맙습니다. 그렇게 간단하게 처리할 수 있는데 왜 저에게 다시 오라고 하셨나요?"

그러자 간디가 말했습니다.

"부인, 저도 그때 사탕을 먹고 있었습니다."

이 이야기는 무엇을 말하는 것일까요? 교육은 먼저 실천하는 것을 의미합니다.

간디는 아이에게 모범을 보이기 위해 부인에게 며칠 후에 오라고 하였던 것입니다. 부모님은 신문 한 줄, 책 한 권 읽지 않으면서 자녀들에게 '공부해라.', '공부해라.'라고 강요하면 아이의 좋은 습관은 형성할 수 없습니다.

자녀에게 가장 많은 영향을 주는 것은 부모님입니다. 부모님이 먼저 모범을 보이세요.

인생의 중요한 시기, 유아기

유아기의 발달 특징 이해하기

'요즘 들어 우리 애가 왜 이렇게 말을 안 들을까?'

'왜 안 하던 짓을 할까?'

부모님께서는 전에는 하지 않던 자녀의 행동이나 말 때문에 당황하기도 하고 자녀와의 갈등으로 마음이 속상할 때도 있습니다. 하지만 이것은 우리 자녀가 하루하루 성장하기 때문에 생기는 자연스러운 현상입니다.

발달심리학자 엘렌 갈린스키는 자녀의 유아기는 부모가 자녀와 어떻게 상호작용하며 의사소통할 것인지를 선택하는 시기라고 하였습니다. 이 시기에 부모는 자녀를 이해하는 기술, 자녀와

제1장 유아기 교육이 평생을 좌우한다

의 갈등을 해결하는 기술, 자녀의 변화에 따라 변화하는 기술을 알고 아동 발달에 대한 이해가 필요하다고 강조하였습니다.

정채옥 아세아연합신학대학교 교수는 "유아기 자녀를 둔 부모는 단지 사랑과 애정을 가진 보호자로서의 역할을 넘어 교육자로서 역할을 해야 한다."고 강조하면서 좋은 부모가 되기 위해서는 자녀의 연령에 맞는 발달적 특성과 자녀가 처한 특수한 상황에 대해 이해하고 부모 스스로 여러 번 변신해야 한다고 하였습니다.

하루가 다르게 성장하는 우리 아이가 어떻게 변화하고 있는지를 살펴볼까요?

"내 거야!"(만 3세) •••

3살 즈음이 되면 아이의 자아가 발달하여 매사에 "싫어."라고 거부하거나 "내가 할래."라고 말하는 등 자기주장이 강해집니다. 따라서 좋아하는 것과 싫어하는 것을 확실히 표현하게 됩니다.

더불어 자기 것에 대한 소유 개념이 생기게 됩니다. 말을 할 때도 "내 인형이야.", "내 거야." 등의 말을 자주 사용합니다. 심지어 '나의', '내 것'이라는 소유격 단어를 붙입니다. 자신의 물건뿐 아니라 좋아하거나 갖고 싶은 물건도 '내 것'이라고 주장합니다.

아이가 자신의 물건에 대해 "내 거야."라고 주장할 때는 엄마도 그것을 인정해주는 것이 좋습니다. 그러나 자신의 물건이 아닌 것을 가지려고 떼를 쓸 때에는 정확하게 가르쳐주어야 합니다.

"누굴 닮아서 그렇게 고집이 센지……."라고 말하면서 번번이 아이의 뜻을 따라주면 아이는 자신만 아는 이기적인 사람으로 자랄 수 있습니다.

이 시기의 아이들은 새로운 것을 발견하게 되면 그것이 어려운 것이라 해도 스스로 하고자 합니다. 자신이 먹은 밥그릇을 개수대에 넣어보게 하고, 양말이나 장갑도 스스로 착용하게 하며, 단추나 지퍼를 채우게 해 보세요.

자녀가 하는 모습이 서툴고 늦더라도 부모님께서는 마음의 여유를 가지고 지켜보셔야 합니다. 그리고 아이 혼자서 해냈을 때에는 아낌없이 칭찬해 주세요.

또한 이 시기의 아이들은 어디를 가든 무엇을 만지든 모든 것이 호기심의 도구가 됩니다. 엄마의 화장품을 꺼내서 얼굴이나 거울에 칠하기도 하고, 장롱의 옷이나 이불을 가지고 장난치는 것도 좋아합니다.

부모님은 자녀의 이러한 행동이 반갑지 않을 테지만, 이것은 아이들의 탐구 욕구에서 나온 행동이므로 무조건 막기보다 어느 정도는 체험하게 하는 것이 바람직합니다.

4세 이전의 아이들은 혼자서 노는 것에 익숙했지만 만 4세가 되면 또래 친구들과 어울려 놀게 됩니다. 이때부터는 아이의 성격이 분명히 나타나며, 자아에 대해 관심을 둡니다. 어른처럼 다양한 감정의 변화를 겪으면서 자존심도 강해집니다. 따라서 이 무렵의 자녀를 둔 부모님께서 말을 하기 전에 아이가 어떻게 받아들일지 미리 생각해 보는 것이 좋습니다.

4세 이전에는 주로 사물을 가리키면서 원하는 것을 표현했지만, 4세가 되면 자신이 느끼고 생각하는 것을 말로 표현하게 됩니다.

예를 들면 3세 때 “과자 사줘.”라고 단순하게 말했다면 4세 아이들은 “저기 저 과자를 사줘. 먹고 싶어.”라고 말하는 등 표현력이 풍부해집니다. 아이들은 표현력이 풍부하면서 이제는 다른 사람의 감정도 조금씩 이해할 수 있게 됩니다. 친구들과 다툴 때도 몸으로 싸우기보다는 말싸움을 벌이는 일이 잦아집니다.

4세는 몸의 기능이 현저히 발달하는 시기이므로 움직임이 많은 놀이를 좋아하며, 탐색적이고 모험적인 놀이를 즐깁니다. 혼자 층계를 오르내릴 수 있으며, 놀이터에 있는 그네, 시소, 미끄럼틀 등 놀이기구도 잘 탑니다.

그러므로 이 시기의 아이에게는 가정에서 간단한 과제를 주거나 엄마와 함께 집안일을 해보는 것이 좋습니다. 이를테면 식탁을 차릴 때 숟가락을 놓는다거나 장난감 치우기, 책장 정리 등 아이가 할 수 있는 일을 찾아보세요. 찰흙이나 블록 같은 재료를 가지고 노는 것도 도움이 됩니다.

놀이가 끝난 후에는 아이에게 장난감을 정리하는 것도 가르치세요. 정리할 때에도 놀이처럼 하는 것이 좋습니다. "하늘아, 이제 인형도 집에 가고 싶겠지?" 또는 "엄마랑 네 방을 청소할까?"라고 말합니다. 아이가 인형을 계속 가지고 놀려고 하면 "인형도 집에 가고 싶어해, 그러니까 집에 보내줘야지?"라고 이야기하면 효과적입니다.

칫솔질, 세수는 스스로 할 수 있으며 코 풀기, 머리 빗기도 서서히 가르쳐 주어야 하는 시기입니다.

"왜"(만 5세) • • •

5세의 아이들은 "왜?"라는 말을 입에 달고 살 정도로 세상 모든 것에 호기심을 갖습니다.

"엄마, 왜 나는 동생이 없어?"

"할머니네 집은 왜 시골이야?"

"자동차는 어떻게 달려?"

이 시기의 아이들은 세상 모든 것이 궁금하기만 합니다. 이때 아이의 질문을 귀찮게 생각하거나 무시하지 않도록 합니다.

5세경이 되면 자발성이 생기므로 부모님께서 화를 내거나 야단을 치게 되면 고집스러운 아이가 되거나 소극적인 아이로 성장할 수 있습니다. 아이의 엉뚱한 질문이나 못마땅한 행동도 이

제1장 유아기 교육이 평생을 좌우한다

해하면서 욕구를 충분히 만족시켜 주어야 합니다.

5세 아이들은 새로운 능력과 폭넓은 흥미, 넓어진 시야 등을 이용해 정보를 수집하고 자신의 능력을 시험해 보느라고 바빠집니다. 모험심도 많아져 위태로워 보이는 장난을 많이 합니다. 충동적이고 무분별하고 변덕스러워 소란스럽게 뛰어다니므로 통제하기가 어렵습니다.

그러므로 식사할 때에는 일정한 때에 일정한 장소에서 먹게 하고, 먹기 전후에 손을 씻도록 하고, "잘 먹겠습니다", "잘 먹었습니다."라고 말하게 하는 등 예절도 가르쳐야 합니다.

"스스로 할 수 있어요"(만 6세) • • •

이 또래의 아이들은 자신에 대해 인식하면서 다른 사람의 눈에 자기가 어떻게 비칠까에 대해서도 생각합니다. 몇몇 친한 아이들끼리 모여서 어울리기도 하고 비밀이나 그들만의 약속을 만들어 놓고 공감대를 형성하는 등 부모님보다 친구를 중요시할 정도로 또래와의 관계가 긴밀해집니다. 또래집단을 통해서 경쟁심, 협동심, 규칙이나 상대방을 배려하는 마음이 생깁니다.

또한 이 시기에는 부모님께서 훈계하면 갖가지 이유와 변명을 댑니다. 시키는 것은 하지 않고, 시키지 않는 것은 기어코 하는 고집을 부리기도 합니다. 이는 아이가 자기의 의견이 생겼다는 증거입니다.

아이에게 무조건 "네."라고 순종할 것을 강요하기보다 자신의

유아기의 발달 특징 이해하기

의견을 말할 수 있도록 하고, 아이의 의견과 엄마의 의견이 다른 경우에는 엄마의 의견이 무엇인지를, 왜 그러한 주장을 하는지를 알려주어야 합니다.

만 6세가 되면 아이의 운동 능력은 충분히 발달하여 자유롭게 뛰어놀 수 있습니다. 곧 학교생활을 해야 하므로 미리미리 체력을 단련시키도록 합니다. 특히 신체 활동량이 많아질 때이므로 달리기, 줄넘기 등 적극적인 신체활동을 유도하는 것이 좋습니다.

이 시기에는 학교에 가기 전에 해야 할 것을 하나씩 가르쳐야 합니다. 이제부터는 스스로 옷 입기, 유치원 준비물 챙기기, 정리정돈하기, 간단한 심부름 등은 충분히 할 수 있습니다.

# 유아기 자녀를 이해하는 몇 가지 코드

자녀는 "엄마는 내 마음을 몰라." 혹은 "나는 싫은데 왜 자꾸 시켜요?"라고 말합니다. 그러면 부모님은 "왜 이렇게 엄마 말을 안 듣니?" 또는 "넌 왜 이렇게 금방 싫증을 내니?"라고 말합니다.

왜 이렇게 서로 다른 걸까요? 그것은 아이와 부모님과의 의사소통을 방해하는 무엇인가가 있기 때문입니다. 부모님과 자녀 사이에도 서로 다른 코드가 있습니다. 이 코드를 이해해야 부모님과 자녀와의 관계는 원만할 수 있습니다.

유아기는 인간의 발달 단계 가운데 가장 중요한 시기로 평가되고 있습니다. 이 시기 아이들은 영아기와 달리 팔, 다리, 키가 성장하면서 균형 있는 체형으로 바뀌게 됩니다. 보행의 발달과 달리기, 뛰기, 나무에 오르기, 미끄럼 타기, 세발자전거 타기 등의 전신운동이 가능할 정도로 신체적인 발달이 이루어집니다.

인자적인 측면에서의 발달도 폭발적으로 진행됩니다. 여러 가지 사물이나 현상에 대해서 흥미와 관심을 두고, '무엇, 왜, 어떻게'와 같은 의문이 많아지며, 질문의 횟수가 증가합니다. 그래서 유아기를 또 다른 말로 '질문기'라고도 부릅니다.

3~4세경이 되면 다른 유아들과 어울리면서 경쟁, 협동, 공격, 동정 등과 같은 사회적 행동이 나타나고 사회관계를 넓히기 시작하여 친구들을 사귀기 시작합니다. 서서히 자아개념이 생기고 자신이 하고 싶은 대로 행동하여 독립심과 자율성에 대한 성취감을 즐기는 한편, 어른들의 행동을 흉내 내거나 어른의 지시에 순응하여 행동하는 서로 반대의 감정, 즉 양가적인 감정을 경험하게 됩니다.

유아기의 정서는 공포, 분노, 애정, 질투, 어리광 등 많은 종류로 분화되어 갑니다. 아이는 독자적으로 자율적인 행동과 판단을 하려고 떼를 쓰기 시작합니다. 그래서 "싫어", "안 해", "내가 할래."라는 표현을 하며 부모와 아이 간의 갈등이 서서히 나타납니다.

이럴 때 부모는 일관성 있는 행동의 통제와 감독을 통해 유아의 공격적인 감정을 조절해 주고 자기주장과 고집을 적당히 들어주거나 막아줌으로써 아이가 행동의 한계를 배우도록 도와주

제1장 유아기 교육이 평생을 좌우한다

어야 합니다.

유아기 아이들의 특징에 대한 전반적인 이해가 선행되어야 효과적인 교육이 가능하고 정상적인 발달에 도움을 줄 수 있으며, 자녀와의 갈등을 최소화할 수 있습니다. 그러므로 부모는 유아기 자녀를 이해할 수 있는 코드에 관심을 기울이고, 알아야 합니다.

유아기 자녀에게 좋은 부모가 될 수 있는 몇 가지 코드에 대해 말씀드리겠습니다.

• 첫 번째, 자녀를 나무라거나 비판하기 전에 부모님 스스로 얼마나 자녀에게 적합한 부모인지를 생각해 보아야 합니다. 대부분 부모님은 자녀의 성격, 행동에 대해서 이러쿵저러쿵 말을 하지만 자신이 어떤 부모인지는 인식하지 못하는 편입니다.

스텔라스 체스와 알레산드 토마스 박사는 그들의 저서에서 효율적인 부모는 부모와 자녀와의 관계를 강화시키며 자녀의 약점들을 극복할 수 있도록 도와준다고 하였습니다. 이러한 부모는 자녀의 기대, 성격, 기질 등에 맞춰 효과적으로 대응하며, 바람직한 부모와 자녀 관계를 형성한다고 하였습니다.

반면 부모와 자녀와의 관계가 비효율적인 경우에는 자녀의 성격이나 바람은 무시하고 자녀의 약점을 더욱 강화시키고 장점이나 특징은 약화시켜, 부정적인 영향을 미친다고 하였습니다.

그러므로 자녀를 탓하기 전에 부모님부터 자녀의 성격과 행동에 맞는 양육 방식을 선택하고 있는지를 살펴보아야 할 것입니다.

'나는 다른 사람들이 생각하는 것처럼 천재는 결코 아니다. 어

유아기 자녀를 이해하는 몇 가지 코드

린 시절엔 무엇 하나 뚜렷하게 잘한다는 말을 들어보지 못했다. 오히려 나는 공부나 운동 어느 것도 잘하지 못하고 너무나 내성적인 나 자신에 실망하면서 지냈다. 천재들의 이야기를 들을 때면 도저히 그들을 따라갈 수 없는 나 자신이 서글퍼지기도 했다.'

이 말은 서울대학교 융합과학기술대학원 원장이자 컴퓨터 백신 전문가인 안철수 교수가 한 말입니다. 그는 어린 시절 외톨이였습니다. 내성적인데다 머리도 노란 편이라 친구들에게 놀림을 받아서 밖에 나가지 않고 혼자 지냈다고 합니다. 초등학교 시절의 그는 공부도 운동도 못했던, 반 학생 60명 중에서 30등 정도였던 평범한 소년이었습니다. 하지만 부모님은 그에게 한 번도 "공부해라."라는 말은 한 적이 없다고 합니다. 안철수 교수가 오늘날의 삶을 살아가는 방식은 그가 어렸을 적 자라온 행복한 가정환경에서 비롯되었다고 볼 수 있습니다.

• 두 번째 코드는 아이의 개성을 살려주는 것입니다.

개성 있는 아이로 키우기 위해서는 부모님께서 생각한 대로 아이를 지배해서는 안 됩니다. 아이는 자유가 주어지면 스스럼없이 지식을 배우고 체험활동을 하기 시작합니다. 이러한 과정을 거치면서 점차 아이다운 모습을 보이는 데, 이것이 바로 개성이 싹트는 것입니다.

자녀의 개성이 무엇인지 파악하기 위해서는 친구와 놀 때, 공부할 때, 친척 집에 놀러 갔을 때 등등 각기 다른 상황 속에서 자녀를 유심히 관찰해야 합니다. 지금 아이의 개성이 무엇인지

제1장 유아기 교육이 평생을 좌우한다

확실히 드러나지는 않더라도 내 아이만의 개성을 점차 찾을 수 있을 것입니다. 이러한 과정을 통해 자녀의 꿈을 찾아주는 노력을 게을리하지 말아야 합니다.

한국리더십센터 김경섭 소장은 자녀의 꿈을 키워주기 위해서 '자성 예언'이라는 교육 방법을 실행했습니다. 자성 예언이란 '자기 달성 예언'을 줄인 말로, 아이들의 개성이나 장점을 눈여겨보고 "너는 어떤 장점이 있으니 이런 사람이 될 것이다."는 식의 암시를 주는 교육법입니다. 그의 이러한 양육법 덕분에 1남 2녀의 자녀들은 예일대학 등 미국 명문대학을 졸업하고 변호사 등으로 활동하고 있습니다.

또한 자녀의 약점을 문제점으로 인식하기보다는 강점으로 여기는 생각의 반전이 필요합니다. 사실 자녀의 문제점이라는 것은 부모님의 판단에 의한 것들이 많습니다. 정리정돈을 잘 하지 않는 아이의 경우, 부모님의 지나치게 깔끔한 성격 때문에 정리정돈을 잘 하지 않는 아이로 비칠 가능성이 있습니다.

그런데 부모님은 자신의 생각과 행동이 다르다고 해서, 자녀를 비판하게 됩니다. 많은 부모님이 자녀의 강점을 발견하는 데보다는 문제점이나 잘못된 행동을 비판하는 데 많은 시간과 감정을 소모한다는 사실을 명심하세요.

• 세 번째 자녀에게 다양한 교육의 기회를 제공해야 합니다.

미국의 조지 부시 대통령의 외할아버지는 부시 대통령의 어머니 바버라 부시 여사가 결혼할 때 "최고의 교육 기회를 자녀에

유아기 자녀를 이해하는 몇 가지 코드

게 제공하는 것이 가장 훌륭한 부모이다."라고 말해주었습니다.
또 부시의 외할아버지는 "부모가 자녀에게 해줄 수 있는 것은
딱 세 가지뿐이란다. 그 첫째는 가능한 최고의 교육을 해주어야
하며, 둘째는 좋은 본보기가 되어야 하며, 셋째는 자녀에게 무한
한 사랑을 베풀어라."라고 말했습니다.

우리가 잘 알고 있는 빌 게이츠의 부모 또한 학교생활에 잘
적응하지 못했던 빌 게이츠에게 다양한 경험 기회를 제공하여
빌 게이츠라는 위대한 인물을 탄생시킬 수 있었습니다.

그는 성격이 외골수인데다가 학교 규칙을 잘 따르지 못했습니
다. 이런 그에게 어머니는 학교생활을 적응할 것을 강요하기보
다 보이스카우트 캠프에 보내거나 운동 등 다양한 활동을 체험
할 기회를 마련해주었습니다. 다양한 경험은 그에게 자신감과
사회성을 심어주었고 결국 미국의 명문 하버드대학에 입학하기
에 이릅니다.

아이들을 물가까지 데려갈 수는 있어도 그 물을 마시고 안 마
시고는 아이의 의지입니다. 억지로 그 물을 마시게 할 수는 없습
니다. 그러므로 부모가 할 수 있는 최선의 방법은 아이가 마음껏
체험하고 보고 배우고 느낄 수 있는 교육 환경을 제공하는 것입
니다.

• 네 번째, 아이와 눈높이를 맞추는 것입니다.

생 떽쥐베리의 ≪어린 왕자≫를 보면 어린 왕자가 커다란 구
렁이를 삼킨 그림을 그려서 어른들에게 보여주는 장면이 있습니

다. 어린 왕자가 그린 그림을 보고 어른들은 하나같이 모자라고 말할 뿐, 더는 생각하지 않았습니다. 어린 왕자는 어른들에게 코끼리를 삼킨 구렁이라고 설명해 주자, 어른들은 비로소 그림을 이해합니다.

어린 왕자는 "어른들은 정말 혼자서는 아무것도 이해하지 못해. 코끼리를 삼키는 뱀이라고 매번 설명해 주어야 하니 맥이 빠진다."라고 푸념합니다.

《어린 왕자》에 나온 어른들처럼 우리 부모님도 때때로 아이가 가진 독특한 세계와 시각을 이해하지 못하고 어른들의 시각으로 볼 때가 있습니다. 때로는 부모의 개인적 경험, 가치관 등이 자녀에 대한 올바른 인식을 방해할 수도 있습니다. 그러한 인식 탓에 우리는 자녀가 왜 그렇게 행동하는지를 이해하지 못하는 경우가 더러 있습니다.

흙장난하는 아이에게 "흙 만지면 손이 더러워지잖아."라고 말하기 전에 "흙으로 성을 만들어 볼까?"라며 함께 놀아주며 아이의 눈높이에 맞춰주는 것은 어떨까요?

• 다섯 번째 코드는 자녀와 자주 대화하는 것입니다.

일부러 시간 내서 대화하는 것보다 아이가 말을 꺼냈을 때는 하던 일을 멈추고 들어주는 것이 좋습니다.

아이가 하는 이야기가 동생이나 형의 잘못을 이르는 말이거나, 보채는 말일 수도 있습니다. 그러나 이러한 표현도 아이에게는 중요한 것입니다. 이럴 때 엄마가 "그랬니?"라고 맞장구를 치면

유아기 자녀를 이해하는 몇 가지 코드

서 이야기를 들어준다면 아이의 억울함은 풀리고 속마음까지 이야기할 수 있습니다.

아이들은 자주 "왜?" 혹은 "뭐야?"라는 질문을 던집니다. 대부분의 부모님은 처음에는 그 질문에 답변해 주고자 하나 아이의 질문 공세에 견디지 못해 대충 얼버무리거나 나중에 대답을 해 주겠다고 말해 버립니다. 이것은 아이의 상상력과 호기심의 물꼬를 막아버리는 것입니다.

유치원에 다녀온 아이가 원에서 있었던 일을 엄마한테 말해주려고 하는데 "어서 손 씻어." 또는 "엄마 지금 바쁘니까 이따가 말해."라고 말해버리면 자녀는 기운이 빠지게 됩니다. 결국 부모님과 자녀의 공감대는 형성할 수 없게 됩니다.

• 여섯 번째는 칭찬을 해주는 것입니다.

위대한 문인 빅토르 위고는 "어떻게 그 짧은 시간에 훌륭한 시를 썼느냐?"라는 어머니의 칭찬이 위대한 시인이 되는 밑거름이 되었습니다.

칭찬을 많이 하면 아이의 버릇이 없어지지는 않을까 우려하는 부모님이 있습니다. 그러나 적당한 칭찬은 아이의 잠재력을 일깨우고 용기를 북돋아 주며, 자신감과 성취욕을 갖게 해 줍니다.

"우와, 장난감을 이렇게 깨끗하게 치우다니, 상혁이는 장난감을 참 잘 치우는구나."

자녀는 부모님께서 말하는 대로 자라는 법입니다. 매일같이 장난치고 사고치는 아이에게 칭찬할 점을 찾는다는 것은 쉬운

제1장 유아기 교육이 평생을 좌우한다

일이 아닙니다. 그때에는 아이의 잠재력을 찾아서 칭찬해 주는 것이 좋습니다.

"우리 상혁이는 항상 뛰어다니니까 이다음에 멋진 운동선수가 되겠다."

이렇게 칭찬을 받고 자란 아이와 야단맞고 자란 아이는 그 미래는 다를 것입니다.

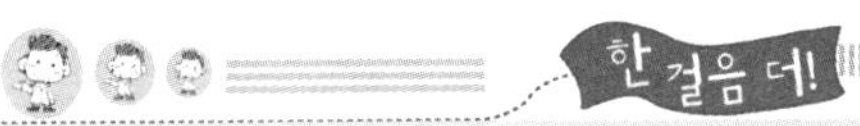

자녀 양육은 양이 아니라 질이다

전업주부와 직장 생활을 하는 엄마 중 누가 자녀와 함께 노는 시간이 많을까요? 직장 생활을 하는 엄마와 온종일 자녀와 보내는 엄마와의 시간을 비교하라니, 당연히 가정에서 자녀를 돌보는 엄마가 유리할 텐데 말입니다.

그러나 때에 따라서는 직장생활을 하는 엄마가 전업주부인 엄마보다 더 많은 시간을 자녀와 보낼 수 있습니다.

한번 생각해 보세요. 실제로 온전히 자녀와 보내는 시간이 얼마쯤 되는지를 말입니다. 어떤 어머니는 세 시간 정도 된다고 하더군요. 또 어떤 어머니는 반나절 이상 자녀와 놀지만 집안일이며, 시댁이나 돈 걱정 때문에 제대로 자녀에게 집중한 적이 많지 않은 것 같다고 대답합니다.

유아기 자녀를 이해하는 몇 가지 코드

아이가 엄마에게 함께 놀아달라고 조르면 "엄마 지금 바빠!", "너는 왜 엄마만 졸졸 따라다니니!."라며 무시해 버리진 않으셨나요? 아이의 말에 얼마만큼 귀 기울여주셨나요? 자녀가 유치원에서 어떻게 생활했는지에 궁금해하고 관심을 두기보다는 "선생님 말씀 잘 들어라.", "친구들과 싸우지 마라."라고 지시만 하지는 않으셨는지요?

우리 아이들은 부모님께서 생각하는 것보다 훨씬 더 예민합니다. 아이와 함께하는 시간이 많지 않은 부모라면 틈이 날 때마다 아이를 안아주거나 뽀뽀를 해주거나 함께 목욕하기 등 자녀와 정을 나누는 방법들로 효과를 높여야 합니다.

제1장 유아기 교육이 평생을 좌우한다

# '착한 아이' 보다는 '개구쟁이'로 키우자

얼마 전 타계한 '애플'의 스티브 잡스는 말썽꾸러기로 유명했습니다. 어머니는 스티브의 말썽을 막아내느라 하루가 어떻게 가는 줄도 모를 정도였습니다.

어린 시절 그는 바퀴 살충제를 먹어서 응급실로 실려간 적이 있으며, 금속 핀으로 전기를 잇는 구멍 난 소켓에 넣어 전기에 감전되어 목숨을 잃을 뻔한 일도 있었습니다. 어니 그뿐인가요? 마을 사람들이 사용하는 라디오와 같은 물건을 망가뜨리는 일도 잦았습니다. 마을 여기저기에서 스티브에 대한 불만과 원성이 높았습니다.

어머니는 두 살 어린 동생 패티를 돌보아야 했기에, 스티브만 챙길 수도 없는 노릇이었습니다. 게다가 스티브는 고집까지 세어서 어머니의 걱정은 이만저만이 아니었습니다. 그런 스티브에게 맞는 양육 방법을 찾은 것은 아버지였습니다.

"스티브는 개구쟁이이긴 하지만, 호기심이 많고 탐구심이 많은 것 같구려. 이제부터 내가 스티브를 돌볼 테니, 당신은 조금 쉬어요."

아버지는 어머니에게 이렇게 말하고 차고로 데리고 가서 스티브가 마음껏 기계도 부수고 공구도 조립할 수 있도록 그 기질을 살려주었습니다. 탐구심과 호기심이 많았던 스티브는 여기서 갈증을 해소할 수 있었고 아버지와 함께 따뜻한 정서적 시간을 보낼 수 있었습니다. 스티브 잡스가 훗날 차고에 컴퓨터 회사를 차린 것도 우연이 아니라고 할 수 있습니다.

독립운동가였던 백범 김구 선생 또한 어린 시절에는 소문난 말썽꾸러기였습니다. 아버지의 수저를 분질러서 엿을 바꿔먹기도 했으며 돈을 훔쳐서 떡을 사 먹으려고 한 적도 있습니다.

우리가 위인이라고 생각하는 분들은 호기심과 도전의식이 높아서 개구쟁이들이 많았습니다.

독일의 심리학자 헤쯔아는 2~5세 사이에 심한 반항기를 겪은 아이와 그렇지 않은 아이 백 명씩을 청년기까지 추적 조사해 보았습니다. 그 결과 반항이 심했던 아이의 84%는 의지가 꿋꿋하며 스스로의 판단으로 일을 결정할 수 있는 젊은이로 성장해 있었습니다. 그러나 반항하지 않고 고분고분하게 말을 잘 들었던 아이 가운데 자립적으로 성장한 사람은 불과 24%에 지나지 않았으며 나머지는 스스로 무언가를 할 수 없는 의존형의 사람이 되어 있었습니다.

보통의 경우 말 잘 듣고, 있는지 없는지 모를 정도로 조용한 아이를 착한 아이라고 규정짓습니다. 이는 어른들 생각에서 말썽을 부리지 않고 속 썩이지 않는 아이를 가리키는 말이라고 할 수 있습니다. 그러나 어른들 말에 고분고분하다고 착하고, 말썽을 피운다고 나쁜 아이로 판단할 수는 없는 문제입니다.

아이들의 기질은 참으로 다양합니다. 부모님께서 소리만 질러도 금방 눈물을 글썽거리는 온순한 아이가 있는가 하면, 부모님께서 회초리를 들고 소리를 질러도 막무가내인 아이도 있습니다.

후자의 경우에 해당하는 부모님은 생각합니다. '다른 집은 소리 한번 지르지 않고 아이를 키우는데, 필시 나의 교육법에 문제가 있는 게 분명해', '나는 어쩌다가 저렇게 고집 세고 막무가내인 아이를 낳았을까' 등등 별생각을 다 하십니다.

아이는 왜 말썽을 피우는 걸까요? 아이들은 지루해지면 말썽을 피우며, 자기가 사랑받고 있지 않다고 생각될 때 말썽을 피웁니다. 또 주목받기 위해 말썽을 피웁니다. 때로는 선천적 기질이 외향적이고 호기심이 많아서 그럴 수도 있습니다.

그렇다면 부모님의 말을 잘 듣질 않고, 말썽 피우는 자녀는 어떻게 가르쳐야 할까요? 이런 아이들에게는 지속적인 훈련이 필

'착한 아이' 보다는 '개구쟁이'로 키우자

요합니다. 한두 달 정도 시간을 내어 자녀의 '잘한 일'을 찾아내어 순종하는 방법을 가르쳐야 합니다.

자녀가 바쁘지 않은 시간을 골라 자녀에게 쉽고 간단한 지시를 하세요. "세영아, 엄마에게 ○○를 갖다 주렴.", "○○을 이리 가져다줄래?"와 같은 지시를 몇 분 동안에 4~6가지 정도를 시켜 봅니다.

아이가 지시 하나하나에 잘 따를 때마다 "네가 엄마 말을 잘 들으니까 좋구나.", "엄마가 원하는 것을 해주니 기쁘구나." 등 아이의 행동에 대해 구체적인 칭찬해 주면 자녀의 행동을 교정할 수 있습니다.

떼쓰는 아이 대응하기

떼를 쓰는 아이의 유형은 다양합니다. 자기가 갖고 싶은 장난감을 안 사준다고 해서 발을 동동 구르거나, 아예 길바닥에서 뒹굴기도 합니다. 이럴 때 엄마는 주변 사람들의 눈치 보랴, 막무가내인 자녀를 이해시키랴, 진땀을 빼기 일쑤입니다.

아이들은 의사소통이 원숙하지 못하고, 눈에 보이는 것은 무조건 소유하고 싶은 욕망이 있기 때문에 소리를 질러서라도 가지고 싶은 것을 가지려고 떼를 씁니다. 아직 자기 자신밖에 모르기 때문에 가

제1장 유아기 교육이 평생을 좌우한다

지고 싶은 것과 가질 수 없는 것에 대한 구분이 없고, 적절하게 자기의 욕구를 통제할 수 있는 능력이 없습니다. 그러므로 막무가내 화를 내기보다는 자녀를 잘 지도해 주시는 것이 필요합니다.

아이들이 떼를 쓸 때는 이렇게 해 보세요.

• 부모님이 일관성 있게 양육, 훈육하는 것이 필요합니다.

만약 자녀가 고집을 피운다고 해서 아버지는 자녀의 말을 잘 들어주고 어머니는 매를 들어 고집을 꺾으려고 한다면 이것은 효과적인 훈육이 될 수 없습니다. 부부가 잘 의논하셔서 원칙을 정한 다음, 어떤 경우에는 원하는 것을 구입해 줄 것인지, 어떤 경우에는 안 된다는 것을 정하시고, 이 점을 자녀에게도 알려 주세요.

• 감정적으로 화를 내거나 자녀를 윽박지르지 않도록 합니다.

이러한 행동은 일시적인 효과는 있으나 아이가 엄마의 충동적인 행동을 배우게 되어 나쁜 결과를 가져올 수 있습니다.

• 자녀가 원하는 것이 무엇인지를 똑바르게 이야기할 수 있도록 말하기 훈련을 시킵니다.

• 아이의 관심을 다른 곳으로 유도합니다.

• 아이가 화를 냈을 때는 왜 화를 냈는지, 왜 우는지 이유를 물어본 후, 화를 내는 것이 타당하면 그 소원을 들어줍니다.

'착한 아이' 보다는 '개구쟁이'로 키우자

자녀 경제교육, 유아기부터 시작하라

"엄마, 나 장난감 사줘. 잉~."

완구점 앞에서 새로 나온 로봇을 사달라는 아이와 엄마랑 실랑이가 한창입니다.

"집에 많은데 왜 또 사달라고 그래! 너 자꾸 이러면 다신 안 데리고 나온다!"

10분쯤 지났을까, 아이의 칭얼대는 소리가 잠잠해집니다. 아이의 품에는 로봇이 안겨 있습니다. 그러나 완구점을 나오는 엄마의 표정은 밝지 못합니다.

"이번이 마지막이야. 다시는 안 사줄 거야."

아이는 엄마의 말을 듣는 것인지 마는 것인지 온 정신이 로봇에 쏠려 있습니다. 이러한 모습은 주변에서 자주 볼 수 있는 광경입니다.

그러나 아이가 원하는 대로, 사 달라고 조르는 대로 사 주게 되면 자녀에게 바른 경제 의식을 심어줄 수 없습니다. 소비 습관은 아주 어릴 때부터 형성되기 때문에 '아직 어린데 뭘 알겠어?'라고 지나치지 말고 이 시기부터 바른 경제관을 심어주어야 합니다.

유아들은 자신이 원하는 것과 필요한 것을 뚜렷하게 구별하기 어렵고 아직 무엇인가를 갖고 싶은 마음을 절제하는 것에도 익숙하지 않습니다. 그래서 어려서부터 바람직한 경제생활을 할 수 있도록 이끄는 것은 바로 부모님의 책임입니다.

피터 드러커, 스티브 잡스, 앨런 그린스펀, 조지 소로스, 로스차일드 등등, 경제에 관심이 있는 부모님이라면 들어본 이름일 것입니다. 세계 경제를 움직이는 이 인물들에게 공통점이 있는데 바로 이들이 유대인이라는 사실입니다. <포춘>지가 선정한 세계 100대 기업 소유주의 30~40%, 세계적 백만장자의 20%가 유대인이라는 통계 결과도 있습니다.

이처럼 세계 경제를 움직이는 리더인 유대인들은 자녀가 어렸을 때부터 철저하게 경제교육을 시킵니다. 그들은 자녀에게 돈의 의미를 제대로 가르치는 동시에 돈을 죄악시하거나 부정적인 것으로 생각하지 않도록 교육합니다. 자녀에게 용돈을 줄 때도

자녀 경제교육, 유아기부터 시작하라

돈의 올바른 쓰임새와 가치 창출에 대해 먼저 가르칩니다.

월스트리트의 살아있는 신이라고 불리우는 조지 소로스의 경우도 어린 시절 아버지로부터 배운 경제 교육이 큰 영향을 미쳤습니다. 1944년 헝가리가 나치의 지배를 받게 되자 그의 가족들은 도망을 다니게 됩니다. 도망을 다니던 시절에 아버지가 그에게 들려주었던 말이 있었습니다.

"무서워하지 말아라. 이 시련은 오래가지 않을 것이다. 우리가 이 세상을 살아가기 위해서는 돈이 있어야 한단다. 하지만 부자가 되려면 알아야 할 것들이 있어. 바로 돈에는 깨끗한 돈과 더러운 돈이란 있을 수 없으며, 기회가 왔을 때는 때를 놓치지 말아야 한다는 것이란다."

조지 소로스에게 성공을 가져다준 결정적 비결은 적절한 때에 기회를 포착하는 능력, 돈에 대한 편견과 위선이 없었기 때문입니다. 그리고 이러한 밑바탕에는 어린 시절 경제관념을 가르쳐준 아버지의 가르침이 밑바탕이 되었습니다.

'늑대와 함께 춤을'이라는 영화의 배경음악을 작곡한 피터 버핏은 세계 최고의 부자라고 불리는 워런 버핏의 막내아들입니다. 그는 아들에게 "너는 은장도를 가지고 태어났다."라고 말하며 아버지의 막대한 재산이 위험한 존재가 될 수 있음을 어린 시절부터 각성시켰습니다. 그는 아들에게 돈을 목적으로 추구할 것이 아니라 자신이 좋아하는 일을 찾을 것을 강조했습니다. 그의 아들은 미국의 명문 스탠퍼드대학에 입학했다가 2년 만에 학

제1장 유아기 교육이 평생을 좌우한다

교를 그만두고 부모의 도움에 기대지 않고 독립심을 바탕으로 혼자서 삶을 꾸려나가 오늘날 유명한 작곡가가 되었습니다.

3～4세의 아이들은 시장놀이나 소꿉놀이 등을 통해 돈의 개념을 알 수 있으며 이 시기가 되면 소유 개념도 생겨납니다. 대부분의 아이는 5세경부터 돈으로 물건을 살 수 있다는 것을 알게 됩니다. 또한 7세경에는 스스로 물건을 구입할 수 있습니다. 그러므로 "어린 애가 무슨 돈을 밝혀!"라고 말하지 마시고 용돈을 잘 사용하도록 지도해 주어야 합니다.

돈은 살아가는 데 꼭 필요한 것이며 그 가치와 기능, 사용법을 제대로 알아야 합니다. 어렸을 때 돈에 대한 잘못된 지식이나 나쁜 습관을 갖게 되면 자녀는 평생 돈 때문에 고생할 수 있습니다.

용돈은 자녀가 돈의 가치와 관리하는 법을 배우는 중요한 경제교육의 하나입니다. 아이에게 처음으로 용돈을 줄 때는, 몇 가지 규칙을 정하는 것이 바람직합니다.

• 첫째, 용돈은 정한 액수만큼, 정한 날짜에 정확히 줍니다.
용돈의 액수는 아이와 의논하여 정하되, 너무 적거나 너무 많지 않도록 합니다.

• 둘째, 돈이란 것은 일을 해서 버는 것이므로 함부로 써서는 안 된다는 것을 가르쳐야 합니다. 그리고 용돈으로 구입할 수 있는 것은 어떤 것이 있는지, 저금은 얼마나 해야 하는지, 군것질은 얼마를 초과하지 말아야 하는지 미리 알려줍니다.

아이들은 용돈을 받으면 장난감을 사거나 과자를 사 먹는 등

자녀 경제교육, 유아기부터 시작하라

용돈을 다 써버리기 쉽습니다. 그러나 걱정하지 않으셔도 됩니다. 이미 용돈을 다 써버리면 더 이상 살 수 없다는 것을 경험하였으므로 앞으로는 용돈을 계획 있게 사용할 것입니다.

• 셋째, 아이가 해야 할 책임을 하는 대가로 용돈을 주지 않는 것이 좋습니다.

예를 들어, 일찍 자고 일찍 일어나는 것, 밥을 먹는 것, 세수하기, 이 닦기 등을 착실하게 수행했다고 해서 용돈을 주면 아이는 자기 자신을 위해 해야 할 일, 즉 책임에 대해 무감각해집니다.

자녀가 숫자 등을 배우기 시작할 때 자연스럽게 돈에 관한 이야기를 하거나, 시장 갈 때, 은행에 갈 때 자녀를 동행하여 물건을 구입하고, 저축하는 모습을 보여주는 것이 바람직합니다.

은행에 가보면 엄마는 공과금과 적금 내기에 바쁩니다. 때문에 유아들은 자리를 잡지 못한 채 여기저기 뛰어다니거나 아니면 엄마를 졸졸 따라다니는 게 보통입니다.

아이가 한 푼, 두 푼 저축했던 저금통을 들고 함께 은행에 가보세요. 먼저 은행의 기능을 설명해 주시고 가정에서 저금통에 저축하는 것과 은행에서 저금하는 것의 차이점을 알려주세요.

교환된 돈으로 아이의 이름으로 된 새 통장을 만들어 주세요. 그리고 이 돈을 어떻게 할 것인지에 대해 자녀와 상의해 보는 것도 좋습니다.

아이가 돈을 쓸 때 그 소중함과 유한성에 대하여 제대로 알게 하기 위해서는 부모님의 경제 교육이 꼭 필요합니다.

시장에서 배우는 어린이 경제

시장에 가면 생선, 채소, 과일, 옷, 신발 등 갖가지 물건들이 즐비하게 나열되어 있을 뿐만 아니라 물건을 열심히 파는 시장 상인들의 부지런한 모습을 볼 수 있습니다.

시장 여기저기를 데리고 다니면서 물건을 사는 법을 보여주세요. 그리고 아이 스스로 물건을 사게도 해보세요.

이때 사야 할 물건이 무엇인지를 잘 알려주시고 영수증이나 거스름돈을 잘 받아 올 것도 가르쳐 주세요. 아이가 물건을 사온 후에는 칭찬을 아끼지 마세요.

집에 돌아와서는 구입한 물건들을 엄마와 함께 냉장고 등에 정리해 보세요. 대부분의 아이는 물건을 사는 일에만 관심을 두고 물건을 어떻게 쓰고 관리하는지에 대해서는 아직 생각지 못합니다. 함께 사온 물건의 가격은 얼마이며, 어떻게 보관·관리하고, 사용하는지 함께 정리해 보는 것도 좋은 경제 교육이 됩니다.

자녀 경제교육, 유아기부터 시작하라

제2장

유아기 자녀의
마음 따라잡기

 # 자녀의 마음 밭에 물을 주자

아인슈타인은 초등학교 시절 학습 지진아였습니다. 그는 부모가 입학시켜준 명문학교에서도 교육을 견디지 못했습니다. 부모는 그런 모습을 보며 아인슈타인이 다른 아이들과 다르다는 사실을 알게 되었고 이를 인정하게 되었습니다.

아인슈타인은 이때부터 부모의 배려로 숙부를 가정교사로 두고 수학을 배우기 시작했습니다. 수학에 재미를 붙인 아인슈타인은 열다섯 살이 될 무렵에 독학으로 미분과 적분을 터득할 수 있게 되었습니다. 또한 부모는 의대생을 집으로 초대해 아인슈타인에게 자연과학을 배울 수 있도록 하였습니다.

제도권 교육에서 학습 지진아로 분류되던 아인슈타인은 부모의 특별한 배려와 교육 속에서 인류 역사상 가장 위대한 천재이자 과학자로 대성할 수 있었습니다. 만일 아인슈타인의 남다른 재능과 개성을 부모가 알아차리지 못했다면 위대한 천재의 출현은 불가능했을 것입니다.

이런 사례는 아인슈타인의 부모와 같은 위인의 부모에게만 해당하는 이야기가 아닙니다. 정운이 어머니도 마찬가지입니다.

정운이는 말썽도 피우지 않고, 책도 좋아하는 아이였습니다. 그러나 정운이 어머니에게는 나름의 고민이 있었습니다. 정운이는 친구들과 어울리질 못했고, 밖에 나가 놀지도 않고, 집안에만 틀어박혀 책만 읽었습니다. 어머니는 아들의 성격을 보완하기 위해 태권도 도장에도 보냈고 웅변학원에도 보냈지만, 잘 적응하질 못했습니다. 정운이는 학원에 자주 빠졌으며, 집에서 책을 읽거나 컴퓨터 하는 것을 더 좋아했습니다.

그렇게 몇 년의 시간이 흘렀습니다. 정운이에게 맞는 성격 보완법을 고민하던 중 어머니는 정운이에게 카메라를 선물로 주며 "사진집도 만들어보고 미니홈피도 만들어보렴."라고 권해주었습니다. 정운이는 처음으로 갖게 된 카메라로 셀카도 찍고 미니홈피도 만들었습니다. 미니홈피를 통해 친구들도 사귀고, 조금씩 세상과 소통하기 시작했습니다. 내성적이었던 정운이에게 학원은 오히려 스트레스가 되었지만 카메라는 정운이의 성격을 보완해 주며 취미생활이 되었던 것입니다.

자녀의 마음 밭에 물을 주자

이처럼 부모님은 다른 어떤 사람보다 자녀에게 관심과 애정을 갖고 진심으로 미래를 걱정하며 보살펴 주는 분입니다. 그래서 자녀에 대해서만큼은 그 어느 전문가나 교육자보다도 예리한 눈을 가졌다고 말할 수 있습니다.

지금 우리 자녀의 마음 밭에는 여러 가지 꽃과 채소 등 많은 것을 심을 수 있는 토양이 준비되어 있습니다. 하지만 자녀의 의사는 물어보지도 않고 부모님께서 채송화를 심을까, 나팔꽃을 심을까 결정하고 계신 것은 아닌지 돌이켜 보시기 바랍니다.

부모님께서는 내 아이를 공부는 물론이고 음악, 미술, 운동까지 두루 잘하는 아이로 키우고 싶으시겠지요? 그러나 아무리 양질의 교육을 자녀에게 시킨다 해도 자녀가 원하지 않는다면 좋은 결과를 기대하기 어렵습니다.

내 아이가 무엇을 꾸준히 하는지, 어떤 것을 할 때 즐거워하는지 등을 알아야 하며 거기에 초점을 맞추어야 합니다. 또한 아이가 무엇을 배울 때 습득 능력이 빠르며 뛰어난가를 살펴보아야 합니다.

그리고 다른 아이들과 다른 면을 찾아주어야 합니다. 이 관찰은 아이가 평소에 하는 말이나 행동을 살피는 것에서부터 시작됩니다. 또래 친구나 주위 사람들과 나누는 대화를 주의 깊게 들어보는 자세가 필요하다 하겠습니다.

그러한 과정을 통하여 자녀가 가지고 있는 재능과 소질을 자녀의 마음 밭에 심어주게 되면 그 식물은 어떤 것보다도 왕성하고 튼튼하게 자랄 수 있습니다.

　우리는 모든 아이가 무한한 가능성을 지니고 있음을 알고 있습니다. 부모님께서는 자녀의 재능이라는 씨앗이 싹을 틔우고 잘 자랄 수 있도록 물을 뿌려주고 햇빛도 비추어 주어야 할 것입니다.

자녀의 마음 밭에 물을 주자

# 그대로의 모습을 인정하자

'열린어린이집' 서은정 교사는 부모님께서 말하는 아이의 특징과 직접 겪으면서 알게 된 아이의 모습이 다를 때가 많다고 합니다.

"부모님께서는 아이들에 대해 단정적으로 말씀하세요. 그리고 아이의 모든 것을 다 안다고 말씀하세요. 우리 애는 얌전해요, 버릇이 없어요 등등 ……. 그런데 제가 겪어본 아이들은 부모님께서 말씀하신 것과는 많이 달랐어요."

임선정 주부도 어린이집에 아이를 보내고 나서 놀랐다고 합니다.

"집에서는 혼자서 아무것도 하지 않던 아이가 어린이집에서는 선생님 말씀도 잘 듣고, 밥도 잘 먹는다는 거예요. 처음에는 안 믿었어요. 그런데 어린이집에 가서 보니까 선생님 말씀도 잘 듣고 다른 친구들처럼 스스로 신발도 벗고, 신고, 점심시간에도 자리에 앉아서 밥도 잘 먹더라고요.”

이처럼 부모님께서 알고 있는 자녀의 모습이 전부가 아닐 수도 있습니다. 아직 발견하지 못한 잠재능력도 있을 수 있고, 부모님 앞에서 발휘하지 못한 개성도 있을 수 있습니다.

유대인들은 부모의 가장 큰 의무로 자녀의 개성과 소질을 찾아주는 것이라고 말합니다. 유대인을 지칭하는 ‘헤브라이’라는 말의 어원은 “혼자서 다른 편에 서다.”라는 뜻이라고 합니다. ≪탈무드≫에는 “사람이 한 방향으로 향하고 있다면 세계는 기울어지고 말 것이다.”라는 가르침이 있습니다. 이 말은 모든 것이 똑같다면 세계는 중심을 잃고 우왕좌왕하게 될 것이라는 뜻을 담고 있습니다. 그만큼 유대인들은 개성을 중시하는 민족이라고 볼 수 있습니다. 그래서 그들은 자녀를 ‘남보다 뛰어나기보다는 남과 다른’ 사람으로 키우고자 합니다.

미국의 국무장관으로 유명한 헨리 키신저와 전기회사 앨런의 사장이었던 월터 키신저 형제는 유대인 가정에서 태어났습니다. 한 사람은 대기업의 경영인으로, 다른 한 사람은 정치인으로 각자의 분야에서 두드러진 업적을 보일 수 있었던 것은 한 가정에서 성장한 형제가 서로 다른 개성과 재능을 가지고 있음을 인정하고 이를 살려준 부모의 교육 덕분이었습니다.

그대로의 모습을 인정하자

이들의 부모는 단순히 출생 순서로 자녀를 판단하거나 우선권이나 선택권을 주지 않았습니다. 심지어 형제 사이라고 하더라도 기호와 성향이 다를 수 있다고 해서 친구의 집에 갈 때도 같이 보내는 일이 드물었습니다. 형제간이라고 해도 형과 동생을 동등한 인격체로 존중하는 사고방식은 유대인들에게 수천 년부터 내려오는 전통입니다.

스티븐 스콧은 아메리칸 텔레캐스트(American Telecast Corporation)사의 설립자이자 억만장자로 <포천> 500대 기업의 CEO 중 8번째 부자입니다. 그는 ≪백만장자 이력서≫라는 책에서 '내가 가진 재능이란 타이핑을 빨리하는 것, 효과적으로 설득하며 얘기하는 것, 촬영에 관해 알고 있는 것, 상품 판매에 대해 알고 있는 것 등 단 네 가지뿐이다. 나는 악기를 다룰 줄 모르고, 컴퓨터 프로그램에 대해서 모르며, 열여섯 살 딸아이의 수학 숙제조차 도와주지 못한다.'라고 적고 있습니다.

스티븐 스콧은 자신이 가진 몇 가지 장점을 잘 살려 연간 매출액이 수십억에 이르는 백만장자가 될 수 있었습니다.

자녀 교육에 있어서 중요한 것은 내 아이를 있는 그대로 인정하는 것, 그리고 어떤 특별한 점이 있는지를 일찍 발견하는 것입니다.

'우리 아이는 내가 제일 잘 알아.'라고 하지만 자녀의 장점을 제대로 보는 부모님은 많지 않습니다. 자녀의 단점보다는 장점을 발견하려고 노력하며 편견을 버리고 열린 시각을 가지려고

제2장 유아기 자녀의 마음 따라잡기

노력해야 합니다. 선생님, 친척, 이웃집 엄마 등 자녀와 잘 아는 주변 사람들에게 자녀에 대한 의견을 청취하는 것도 한 가지 방법이 될 수 있습니다.

자녀가 지속적으로 부모님의 말을 잘 듣지 않을 때는 왜 자녀가 그러한 언행을 하게 되었는지를 곰곰이 생각해보아야 합니다. 이런 자녀의 부모님일수록 자녀에게 더욱 예민해야 하고, 더 많은 인내심을 가질 필요가 있습니다. 이럴 때는 '내가 부모니까, 당연히 내 말을 듣고 따라야지.'라고 생각하기보다는 '성인인 어른도 내가 원하는 대로 행동하기 어려운데, 어린아이는 더더욱 내가 원하는 대로 행동하기 어려울 거야.'라고 여유 있게 생각하는 것이 좋습니다. 부모는 어쩌면 내가 기대한 대로, 원하는 대로 자녀가 행동하지 않는다는 것을 깨달으면서 성장하는 존재인지도 모르겠습니다.

그다음 부모님 스스로 자녀가 원하는 것을 만족하기 위해 노력하십시오. 부모님께서 가진 인식, 개념, 교육관 등이 자녀와의 관계에 악영향을 미칠 수도 있습니다.

부모님 자신을 옭아매는 여러 가지 형식과 틀에서 벗어나야 자녀를 있는 그대로 바라볼 수 있습니다. 이제부터 자녀가 가지고 있는 개성과 있는 모습 그대로를 이해해주고 사랑해 주는 부모님이 되시기 바랍니다.

그대로의 모습을 인정하자

자녀의 감정을 격려하라

수영이는 유아교육기관에 다니는 것을 싫어했습니다. 그러나 맞벌이 부부인 부모님은 아이를 마땅히 보낼 곳이 없었습니다.

하는 수 없이 수영이가 좋아하는 과자를 손에 들려서, 그것도 안 되는 날은 혼을 내서 보내고, 또 어떤 날은 어르고 달래서 보내기도 했습니다. 그럴 때마다 부모님의 마음은 너무나 아팠습니다.

그러던 어느 날 수영이 선생님께서 이렇게 말했습니다.

"수영이는 친구들과 잘 안 어울리지도 않고 원 생활에 적응하지 못하고 있어요… 왜 그런지 이유를 아시나요?"

그때까지만 해도 수영이 부모님은 그저 부모님과 떨어져 있는 것이 싫어서 그러는 줄로만 알았지 왜 유치원에 가기 싫은지 정작 아이의 의견은 들어보질 않았던 것을 깨닫게 됩니다.

그날 밤, 수영이 엄마는 수영이에게 물었습니다.

"수영아 유치원에 가기 싫으니?"

수영이는 곧바로 "응…….”하고 대답했습니다.

"왜 가기 싫지?"

엄마가 따뜻한 목소리로 물어보자, 수영이는 말문을 열었습니다.

"친구들도 싫고, 소라 반 선생님도 싫어."

"왜 친구들도 싫고, 소라 반 선생님이 싫은데?"

"소라반 지은이는 장난감도 안 빌려주고, 사탕도 다른 애들은 다 주면서 나만 안 줘. 그리고 선생님은 나보고 자꾸 지은이를 괴롭힌다고 그러니까."

부모님은 아이의 감정이 이렇게 풍부하고 섬세한 줄 미처 몰랐습니다. 부모님은 수영이에게 왜 유아교육기관에 다녀야 하는지 차근차근 설명해 주었습니다. 그리고 친구나 선생님이 수영이의 마음을 몰라줄 때에는 어떻게 해야 하는지도 알려주었습니다.

다음날 아침, 수영이를 깨우는데 신기하게도 유치원에 가기 싫다는 소리를 하지 않았습니다. 아이는 부모님과의 대화를 통해서 자신의 감정을 충분히 전달하였고, 부모님은 아이의 감정을 이해해주었으며, 그에 대한 해답을 찾기 위해 함께 고민해 주었기 때문입니다.

수영이는 이제 유치원에 가는 것을 받아들이기 시작했고, 아침마다 하던 실랑이도 조금씩 줄어들게 되었습니다. 부모님께서 원에 가기 싫어하는 자신을 몰아세우기보다 마음을 이해해주고 받아들여 주니, 수영이의 속상한 마음도 줄어들고 스스로 해결해 가는 법을 배운 것입니다.

부모님께서는 아이가 기대대로 행동하지 않는다고 해서 훈계, 설교, 비판 등의 말로써 가르치려고 합니다. 그러나 이러한 방법은 아이의 가장 깊은 문제로 나아가는 것을 방해합니다. 부모님은 문제를 해결하는 데 집착해서 도리어 아이가 고통 받고 있는 감정을 이해하는 데에는 이르지 못하는 것입니다.

자녀의 감정과 교감하는 부모님이 되는 것이 중요합니다. 혹시 자녀가 보내는 감정 메시지에 대해 상투적인 결론을 내리지는 않았는가요? 이렇게 되면 자녀는 상처를 받게 되고 대화를 하거나 자신의 감정을 말하려고 하지 않을 것입니다.

음악가 베토벤은 궁중 소프라노 가수 출신인 아버지와 궁중 요리사였던 어머니 사이에서 태어났습니다. 베토벤이 세계적인 음악가가 될 수 있었던 것은 음악가였던 아버지 때문이 아니라 어머니 덕분이었습니다. 그의 어머니는 음악에 대해서는 잘 몰랐지만 베토벤의 여린 감성을 어루만져 주었고 아버지로부터 받은 상처를 달래주었습니다.

베토벤의 아버지는 성격이 비뚤어지고 괴팍한 술주정뱅이였습

제2장 유아기 자녀의 마음 따라잡기

니다. 그는 네 살밖에 되지 않았던 베토벤에게 매일 8시간씩 악기 연주를 시켰으며 음을 잘못 치기라도 하면 가차 없이 매를 들곤 하였습니다. 베토벤의 어머니는 온화한 성품의 소유자로 자녀를 매우 사랑하였습니다.

아버지는 자녀의 음악적 재능을 발견하고 혹독하게 훈련을 시켰지만 어머니는 사랑으로 보살펴주었습니다. 베토벤이 술주정뱅이 아버지로부터 견디며 위대한 음악가가 될 수 있었던 것은 어머니가 큰 힘이 되어 주었기 때문입니다.

미국 어머니들이 대기자 명단을 올려놓고 기다릴 정도로 인기 있는 스탠퍼드대학 부설 유아원의 교사는 '아이들이 자신의 감정을 다스리는 법'에 대해 첫째 아이들의 말을 경청할 것, 둘째 아이들을 감정을 '음', '아!' 등 한 단어로 인정하고 수용할 것, 셋째 아이들의 감정을 인정할 것, 넷째 "엄마가 요술쟁이라면 네가 원하는 장난감을 사줄 텐데." 등과 같은 말로 아이들의 희망을 상상 속에서 이루게 할 것 등을 꼽았습니다.

자녀의 감정을 격려하기 위해서는 가장 먼저, 자녀의 말에 적극적으로 경청하는 자세가 필요합니다. 이때는 자녀의 눈을 똑바로 바라보고 경청해야 합니다. 그리고 자녀의 감정에 대해서 부모의 생각에서 판단하려고 하지 말고 있는 그대로 수용하는 자세가 필요합니다.

"엄마가 언니 편만 들어서 기분이 나빴구나."

"친구가 장난감을 혼자만 가지고 놀아서 속상했겠구나."

자녀의 감정을 격려하라

이렇게 부모가 자녀의 감정을 인정해주게 되면 자녀는 부모님에게 모든 감정을 말할 수 있게 됩니다.

그다음에는 자녀에게 질문합니다.

"다음번에는 어떻게 행동하겠니?"

"너의 행동에는 문제점은 없었을까?"

"친구의 마음은 어떠했을까?"

등등과 같은 질문을 통해 자녀 스스로 답을 찾도록 안내해야 할 것입니다. 자녀가 대답하게 되면 부모님의 의견을 간단히 덧붙이고, 자녀가 그 문제를 해결할 수 있도록 격려하고 기회를 주도록 합니다.

아이가 떼를 주거나 울거나 할 때에는, 화가 나거나 속상한 일이 있을 때에는 행동보다는 말로 표현하도록 가르쳐야 합니다. 생각이나 감정을 다른 사람에게 잘 표현해야 하며, 스스로 조정할 줄도 알아야 함을 알려주십시오. 또한 부모가 자녀의 감정은 충분히 이해하지만 자녀가 원하는 대로 상황이 바뀌지 않는다는 것도 알려줄 필요가 있습니다.

아이가 울거나 떼를 쓸 때는 진정이 될 때까지 기다려야 합니다. 생각하는 의자에 앉히거나, 자기 방에 있게 하거나, 벽을 보고 마주 보게 하는 것 등의 방법으로 안정시켜야 합니다.

자녀의 행동이 무엇이 잘못되었는지를 말해주시고, 그러한 행동으로 말미암아 부모님께서 어떤 기분이 들었는지도 설명해 주십시오. 이 때문에 어떤 결과를 가져왔는지도 알려줄 필요가 있

제2장 유아기 자녀의 마음 따라잡기

습니다.

아이들은 칭찬을 먹으면서 자란다

부모님의 따뜻한 말이 자신감을 키우는 영양분이 됩니다. "와~우리 아들 정말 잘하는구나."라는 따뜻한 말과 미소 한 자락이 아이들에게는 무궁무진한 힘이 됩니다. 칭찬과 격려를 받으며 자란 아이는 매사에 자신감을 가지게 됨은 물론, 자신의 긍정적인 면을 스스로 찾게 됩니다.

"동현아, 엄마랑 시장 가자."

"나 지금 게임을 하는데."

"그러지 말고 엄마랑 같이 시장가자. 동현이의 도움이 필요해서 그래."

아이는 게임 도중에 엄마가 부르는 것이 귀찮지만, 도움이 필요하다는 말에 마지못해 엄마를 따라나섭니다. 아이와 함께 시장에 온 엄마는 아이에게 장바구니두 들게 하고 콩나물이나 두부는 직접 사게 합니다. 장을 보고 집으로 돌아오는 길에 아이에게 칭찬하는 것도 잊지 말아야 합니다.

이때 막연히 "동현이가 착하구나."라고 말하기보다는 자녀의 어떠한 점이 칭찬받을 만했는 지를 구체적으로 설명해 주고 이에 따른 엄마의 기분 상태도 덧붙이는 것이 바람직합니다. "동현이가 장바구

자녀의 감정을 격려하라

니도 같이 들어주고 엄마랑 함께 시장을 와주니까 엄마가 기분이 좋구나."라고 말해줍니다.

이렇게 칭찬하면 아이는 금방 으쓱해져서, '내가 엄마를 도와서 엄마는 기쁘다고 했어. 다음에도 엄마를 도와줘야지.'라고 생각하게 됩니다. 이것이 생활 속에서 아이를 훈련하는 방법입니다. 지속적인 칭찬은 부모님께서 의도하는 대로 자녀의 행동을 교정하는 방법이 될 수 있습니다.

아이의 자신감을 키워주기 위해서는 다른 집 아이와 비교하지 않아야 합니다. 많은 부모님들이 다른 아이와 비교하는 말을 아무렇지 않게 합니다.

"옆집 누구는 동생도 잘 돌보고, 엄마 말도 잘 듣는다는데 너는 왜 그 모양이니?"

그러나 이는 아이의 열등감을 부추길 뿐 해결 방법이 될 수는 없습니다.

제2장 유아기 자녀의 마음 따라잡기

부모의 한마디 말이 자녀의 평생을 좌우한다

탤런트 안문숙 씨는 얼마 전 방송에서 자신의 성격이 긍정적인 것은 어머니의 성격을 닮은 것 같다고 하면서 "어머니는 욕도 긍정적으로 하신다."라고 밝혔습니다. 그녀는 어린 시절 남의 집 지붕의 구멍을 뚫거나, 지붕에 올라갔다가 발이 빠지는 등 말썽을 많이 부렸는데, 그럴 때마다 어머니는 그녀에게 "네가 이렇게 해서 커서 대통령 될래? 판사가 될래? 이 돈을 바가지로 벌 가시내야."라고 하며 긍정적인 말로 꾸짖었다고 합니다.

우울증 탓에 몇 년 동안 공백 기간을 가졌던 안문숙 씨는 어머니의 한 마디로 우울증을 이겨내고 다시 방송활동을 재개하게 됩니다. 그녀가 우울증을 겪으며 힘들어할 무렵 어머니는 "네가 그런 걸로 힘들 성격이냐?"라고 말해 정신이 번쩍 들었다고 합니다.

이처럼 부모의 한마디 말이 자녀에게 용기가 되기도 하고 때로는 날카로운 비수가 되어 가슴에 꽂힐 때가 있습니다.

우리 아이들은 부모님께서 하는 말을 그대로 믿는 성향이 있습니다. 부모님이 자녀를 존중하는 언어를 사용하면 자녀도 자신을 소중한 존재로 여기게 되지만 부모님께서 자녀에게 함부로 말하고 행동하면 자녀도 자신을 소홀히 여기게 됩니다. 하루에도 수십 번, 수백 번, 부모님께서 하는 말은 자녀의 가슴에 쌓여 깊고 단단히 뿌리내리게 됩니다.

얼마 전 지하철을 타고 가면서 있었던 일입니다.

지하철 안에서 여섯 살 정도 돼 보이는 남자 어린이가 마냥 신기한 듯 바닥에 귀를 갖다 대기도 하고, 의자에서 앉았다가 일어섰다가를 반복하며 놀고 있었습니다. 그 모습을 보던 엄마는 자꾸 신경이 쓰였던지 아이를 불렀습니다. 온정신이 팔린 아이에게 엄마의 소리가 들릴 턱이 없었습니다. 그러자 엄마는 아이를 붙잡더니 언성을 높여가며 꾸짖기 시작했습니다.

"내가 너 때문에 못살아. 엄마가 조용히 앉아 있으라고 그랬잖아!"

풀이 죽은 아이는 엄마의 눈치를 슬슬 살피다가 자리에 앉았습니다.

제2장 유아기 자녀의 마음 따라잡기

이와 같은 상황은 지하철 혹은 공공장소에서 어렵지 않게 볼 수 있습니다. 지하철이나 사람들이 많이 모여 있는 공공장소에서 평소에 하지 않던 행동을 하거나 흥분하는 아이들이 있습니다. 어른들이 보기에는 별반 신기할 것도 없는데 아이들의 눈에는 모든 것이 새롭고 신기한 모양입니다.

아이가 잘못했을 때는 따끔하게 지적하는 것이 당연한 일입니다. 그러나 아이를 꾸짖을 때는 부모님의 푸념 섞인 말, 감정적인 말, 짜증스러운 목소리로 목청을 높이면 아이의 행동 교정은 어렵습니다.

부모님이 무심코 던진 말 한마디가 자녀에게 상처가 될 수도 있다는 것을 잊어서는 안 됩니다. 한 자료에 의하면 진짜로 화가 났을 때 그 화는 약 20초 정도만 지속한다고 합니다. 나머지 대부분은 화가 난 것이 아니라 소리를 지르는 것에 불과하다고 합니다.

아이들은 부모님께서 생각하는 것보다 훨씬 많은 말을 가슴에 담아 둡니다. 따라서 부모님께서 습관적으로 혹은 감정적으로 하는 말들 때문에 아이는 자기 존중을 상실하게 되고, 더불어 원만한 성인으로 성장하기 어렵습니다.

그렇다면 다음 상황은 어떤지 한번 볼까요?

외출에서 돌아온 예슬이 엄마는 눈이 휘둥그레졌습니다. 장롱의 옷들은 다 흐트러져 있고, 싱크대의 그릇이며 컵들이 다 나와 있는 모습이 흡사 전쟁터를 방불케 했습니다.

부모의 한마디 말이 자녀의 평생을 좌우한다

“예슬아, 집이 왜 이러니?”

“친구들이랑 시장놀이 했어요.”

“시장놀이 재밌었니?”

“엄마랑 하면 더 재밌었을 텐데.”

“그런데 예슬아, 시장놀이가 끝나면 물건을 제자리에 갖다놓는 거야. 그러면 시장에 오는 사람들의 기분이 좋아질 거야. 예슬이도 깨끗한 게 좋지?”

이렇게 자녀의 말을 들어주고 차분히 설명해 주는 것과 다짜고짜 “누가 이렇게 어질러 놓으랬어?”라고 다그치는 것은 천지차이로 느껴집니다.

잘못을 지적하기 전에는 먼저 아이의 행동이나 말에 공감하는 것이 중요합니다. 간혹 자녀와의 대화가 아니라 일방적 지시나, 자녀를 굴복시키기 위한 수단으로 사용하는 때도 있습니다. 왜 그러한 행동이 잘못되었는지를 알려주고, 아이 스스로 무엇이 잘못되었는지, 왜 부모님에게 꾸중을 듣는지 이유를 알게 하는 것이 중요합니다.

자녀의 행동에 대해서 “하지 마.”라고 금지만 하지 말고 “하지 마. 왜냐하면 네가 다칠 수 있고 위험하기 때문이란다.”라는 식의 대화가 바람직합니다. 그런 다음, 다음에도 같은 잘못을 저지르게 되면 어떤 체벌이 가해지는지도 미리 알려주는 것이 좋습니다.

평소에 자녀에게 하는 말을 다시 한 번 돌이켜보고 혹시 아무

제2장 유아기 자녀의 마음 따라잡기

생각 없이 내뱉은 말이 자녀의 여린 마음에 상처를 남겼는지, 아니면 용기를 주었는지를 생각해 보세요.

부모의 언어폭력

"그렇게 엄마 말 안 듣고 네 멋대로 할 거면 집 나가."

"넌 누굴 닮아서 그렇게 머리가 나쁘니?"

"형 반만 닮아봐라."

"옆집 승희는 체르니 40번을 뗐다고 하던데, 넌 아직도 그 정도이니?"

부모님이라 할지라도 홧김에 아이에게 심한 말이나 욕설을 하는 것은 언어폭력을 행사하는 것과 같습니다.

유아기는 '민감기'라 불릴 만큼 주위의 자극에 즉각적인 반응을 보입니다. 세상을 익히면서 가장 많이 부딪히게 되는 부모님의 폭력적인 언어와 행동은 아이에게 아무런 여과 없이 그대로 전해지게 됩니다.

부모님의 목소리가 크거나 거칠수록 아이들의 말투도 거칠고 공격적이 될 가능성이 큽니다.

◉ 자녀에게 들려주면 좋은 말

• 자녀의 개성을 키워주고 싶을 때 : 다른 사람과 다른 네가 좋아.

• 꾸짖을 때 : 왜 그랬니? 이유를 말해보렴.

부모의 한마디 말이 자녀의 평생을 좌우한다

- '나'를 사랑하는 아이로 키우고 싶을 때 : 엄마는 네가 자랑스러워.
- 용기를 북돋워 줄 때 : 걱정하지 마. 내일은 좋은 일이 생길 거야.
- 좋은 생활습관을 길러줄 때 : 네가 선택한 이상, 최선을 다하렴.
- 부모의 말에 순종하지 않을 때 : 너를 사랑해서 벌을 세우는 것이야.
- 공공의 물건을 함부로 다룰 때 : 이것은 우리 모두의 것이야. 함부로 다루어서는 안 돼.
- 집안을 어지럽혀 놓았을 때 : 무엇을 만들려고 어질렀니?

제2장 유아기 자녀의 마음 따라잡기

행동으로 알아보는 아이들의 심리

최근 우울증 때문에 소아정신과에 적지 않은 어린이들이 찾아온다고 합니다.

미국에서는 초등학교 입학 전 아이의 1%, 초등학생의 2%, 청소년의 4.7% 정도가 병원에 가야 할 정도의 심각한 우울증을 앓고 있으며, 우리나라도 초등학생 열 명 가운데 한 명은 우울증을 겪는다고 합니다.

보통 우울증은 유전적 원인과 부모님의 적절하지 못한 양육방법, 이혼, 가정 폭력 등이 우울증을 부추기는 요인이 됩니다. 최근에는 무리한 조기 교육이 스트레스로 작용하여 나타나기도 합니다.

일반적으로 우울증에 걸리는 유아들은 친구들과 어울리지 않고, 매사에 흥미와 의욕을 찾기 어렵습니다. 식욕이나 체중의 감소 또는 증가와 불면증, 수면 과다, 불안 초조, 피로감, 무기력, 집중력의 감소, 안절부절 등등 여러 가지 증상을 동반합니다. 이 외에도 다양한 형태로 나타날 수 있기 때문에 쉽게 인식하기는 어렵습니다.

어린 자녀의 우울증은 부모님의 영향 때문에 생기는 경우가 많습니다. 지나치게 어른스러울 것을 강요하거나 작은 잘못도 용납하지 않는 부모, 양육방법에 일관성이 없거나 무관심한 부모, 아이를 엄하게 대하거나 학대하는 부모의 자녀는 우울증에 시달릴 확률이 높습니다.

자녀의 우울증을 방지하려면 평소 감정을 자유롭게 표현할 수 있는 분위기를 만들어 주는 것이 좋습니다. 또한 "유치원에서 잘 지냈니?" "오늘 기분이 어떠니?"라며 기분을 묻거나 "넌 이 세상에서 가장 사랑하는 엄마의 아들이란다."라는 말을 통하여 자신이 매우 중요한 존재라는 생각을 하게 하는 것도 중요합니다. 자녀가 집안에만 틀어박혀 있게 하지 말고, 마음껏 신체 놀이를 할 수 있게 하는 것도 기분전환에 도움이 됩니다.

자녀의 사소한 행동으로도 심리 상태를 파악해 볼 수 있습니다.

동생에 대한 질투가 심한 아이 •••

동생이 생기면 엄마를 동생에게 빼앗겼다는 생각이 들어 질투하는 유아들이 있습니다. 이런 아이들은 부모의 관심을 끌기 위해 자기도 동생과 같이 우유를 먹겠다고 고집을 부린다든지, 걸음걸이가 심하게 달라지기도 하고, 옷이나 이불에 오줌을 싸게 된다든지, 동생을 때린다든지 여러 가지 현상이 나타납니다. 심한 경우에는 정신과 치료를 받는 유아도 있습니다.

우선 부모님께서 결코 동생만을 예뻐하지 않는다는 점을 자주 알려주세요. 아기는 태어난 지 얼마 되지 않기 때문에 부모님의 손길을 더 많이 필요함을 이해시켜 주세요. 그리고 이제 형, 언니가 되었으니 동생을 사랑하고 보호해 주어야 함을 일러 주세요.

자주 껴안아 주고 첫째와도 시간을 내어 놀아주세요. 그리고 동생을 잘 보살피면 아낌없이 칭찬해주는 것도 좋은 방법입니다.

엄마의 사랑이 확인되면 퇴행적인 행동은 점차 사라지고 남을 배려할 줄 아는 아이로 자라게 될 것입니다.

한 가지 놀이에만 집착하는 아이 •••

한 가지에만 집착하는 아이의 경우, 또래들보다 수준이 높거나 낮아서 또래들과 어울리는 데 흥미를 갖지 못하고 혼자서 노는 경우가 많습니다. 너무 자신이 좋아하는 것만 하게 되면 나중에 친구들과 섞이지 못하고 외톨이로 남게 됩니다.

우선 아이의 관심을 넓혀주세요. 놀이기구 타기, 놀이터에서 놀기 등 그 연령대가 할 수 있는 경험을 골고루 갖게 해주십시오. 그런 다음 그것을 바탕으로 친구들과 이야기하고 놀 수 있는 환경을 마련해주세요. 이러한 공감대가 형성된다면 친구들과 사이좋게 어울릴 수 있을 겁니다.

남의 물건을 가져오는 아이 •••

유아들이 남의 물건을 가져오는 것은 어른들이 생각하는 '도벽'이라는 것과는 다른 차원에서 바라보아야 합니다. 도둑질이란 생각이 들어 부모가 너무 과민한 반응을 보이면 아이에게 바람직하지 못한 영향을 줄 수 있습니다.

일단 남의 물건을 가져왔을 때는 옳지 못한 행동임을 알려주세요. 심하게 꾸중을 치는 것은 금물입니다. 물건을 가져오는 일이 계속 반복될 때에는 따끔한 꾸중을 치시고, 점차 아이와 함께 노는 시간을 늘려가며 부모와 자녀 간의 신뢰감을 회복하시는 것이 좋습니다. 또한 갖고 싶은 물건을 모두 가질 수 없음을 인식시켜주시고 자녀의 인내심을 길러주세요.

형제, 자매끼리 싸울 때 •••

자녀들이 싸우거나 서로의 주장을 내세울 경우, 어떻게 판단하고 행동해야 할지 쉽지 않습니다. 형제간의 나이 차이가 2~4

세인 경우 경쟁도 심하고 질투가 심합니다. 그러므로 형제·자매끼리 싸움을 하는 것은 어떻게 보면 자연스러운 현상입니다.

부모님께서는 힘들게 싸움을 중재하려고 하지 마시고 아이들끼리 화해할 기회를 주시는 것이 필요합니다. 단 폭력적으로 싸울 때는 부모님께서 개입하는 것이 좋습니다. 그리고 "넌 형한테 무슨 말버릇이 그래!", "넌 형이니까 동생한테 양보해."라는 말을 삼가 주십시오. 출생 순서에 따른 차별이나 일방적인 편들기는 아이들에게 상처를 주고 형제간의 갈등을 심화시키는 원인이 됩니다.

싸움을 일으킨 원인이 무엇인지를 파악하시고 원인을 제거해 주도록 하세요. 아이들은 몸이 피곤하면 짜증을 내거나 싸움을 할 수도 있습니다. 그러므로 자녀가 피곤하지 않도록 건강한 상태를 유지토록 하는 것도 싸움을 예방하는 데 도움이 됩니다.

성기를 자주 만지는 아이 •••

아이가 성기를 만지는 것은 자신의 신체를 만지는 과정 중 일어날 수 있는 일입니다. 이런 행동은 아이들에게 자연스러운 행동이므로 크게 염려하지 않으셔도 됩니다.

일시적인 손장난은 대개 얼마 있다가 자연스럽게 없어지지만, 때로는 습관화되는 일도 있습니다. 이럴 때 심하게 야단친다면 아이는 두려움을 갖게 되어 몰래 숨어서 행동할 수 있습니다. 더러운 곳이니까 만지지 말라고 한다면 성기가 더러운 곳이라는 잘못된 선입견을 주게 됩니다. 또한 자신이 나쁜 짓을 하고 있다는 생각을 하게 됩니다.

부모가 부드럽게 타일러주고 아이가 흥미를 느끼고 집중할 수 있는 것들을 만들어주어야 합니다. 힘들더라도 엄마가 친구 역할을 해주어야 합니다.

때로는 국부가 불결해서 가려워서 만지는 경우도 있습니다. 이런 때에는 깨끗이 씻어주고 청결을 유지하도록 해주세요.

거짓말하는 아이 •••

때때로 어린아이들이 거짓말을 하는 것을 볼 수 있습니다. 부모님은 아이가 거짓말을 하면 걱정을 하게 됩니다.

어린아이들은 거짓말이라는 개념에 대한 이해가 부족합니다. 그러므로 거짓말이라는 것이 어떤 것인지를 정확히 알지 못합니다.

아이가 거짓말을 하는 이유는 다음과 같습니다.

• 첫째, 현실과 상상의 세계를 혼동하여 자신이 상상한 것을 실제인 것처럼 표현하려 하기 때문입니다.

• 둘째, 자신이 가지고 싶은 것이 있을 때 그것을 거짓말로 표현하기도 합니다.

• 셋째, 부모의 관심을 끌려는 방법으로 거짓말을 하기도 합니다.

• 넷째, 꾸지람을 듣지 않기 위해 자신의 행동을 합리화시키는 방어책으로 거짓말을 사용합니다.

아이들은 도덕성이 미성숙하여 잘한 일과 잘못한 일에 대한 구분이 없습니다. 단지 자신을 방어하기 위한 수단으로, 혹은 자신의 욕구를 충족하기 위한 수단으로 말을 하는 것이 거짓말이 되는 경우가 많습니다. 이럴 때일수록 부모님은 아이의 마음을 이해하려고 하는 자세가 중요합니다.

거짓말을 하게 된 동기와 이유를 들은 후 잘못된 점을 지적해 주는 것이 현명한 부모의 대처법입니다.

말을 안 듣는 아이 •••

자녀가 부모님의 말을 잘 듣지 않는다고 해서 화부터 낸다면, 오히려 자녀의 감정을 상하게 함으로써 부모님과 똑같이 화를 내게 되고, 반항의 의지를 품게 하는 역효과를 불러일으킵니다.

부모부터 목소리를 조용하게 가라앉힌 후에 단호한 표정으로 타일러야 합니다. 절대로 자녀와 말싸움을 하듯이 해서는 안 됩니다.

자녀의 잘못을 지적하기 전에 자녀가 잘못을 저지른 이유가 무엇인지부터 먼저 물어보는 태도가 필요합니다. 그런 다음 그 이유에 맞게 훈육하는 것이 바람직합니다. 자녀가 무엇을 잘못했는지, 앞으로 계속 잘못을 저지르게 되면 어떤 벌을 받게 될 것인지에 대해서도 알려주어야 합니다.

행동으로 알아보는 아이들의 심리

제 3 장

자녀 학습을 위한 모든 것

# 자녀의 학습능력을 높이는 법

자녀의 학습능력과 의욕을 높이기 위해 가장 중요한 것은 스스로 동기부여가 되어야 합니다. 그렇지 않고서는 아무리 어머니가 열정으로 가르치려고 해도, 훌륭한 선생님을 만나더라도 그 효율성은 떨어지게 됩니다.

KIF의 휴대전화 자회사인 KTF테크놀로지스 허인무 사장은 어린 시절 아버지의 한 마디가 공부를 할 수 있는 자산이 될 수 있었다고 합니다. 허인무 사장은 인생에서 처음이자 마지막으로 재수를 한 적이 있는데, 놀랍게도 초등학생 때 재수를 했다고 합니다.

1960년대에는 중학교도 입학시험을 치르고 들어갔는데, 그는 충청도 작은 시골 마을 5개 초등학교의 학생들이 치른 중학교 입학시험에서 2등이라는 뛰어난 결과를 얻었습니다. 그러나 아버지는 기뻐하시기는커녕 "2등으로 훗날 사회에서 어떻게 한자리를 할 수 있겠니? 인생에는 2등이 없다는 것을 명심해라."라고 말씀하셨습니다.

아버지의 이 말에 아들은 많은 생각을 하게 되었고 그 해 입학시험을 포기하고 재수를 하기에 이릅니다. 재수생 아들을 지원하기 위해 아버지는 날마다 함께 일어났고, 아들이 잠든 것을 본 후에야 잠을 청하였습니다. 공부하는 동안, 아버지도 책을 보거나, 신문을 읽는 등 공부하는 환경을 만들어주었습니다.

그러면서 어린 나이에 재수하는 아들을 격려하는 것도 잊지 않았는데 "항상 공부하고 배우는 자세를 잊지 말아야 한다. 그렇지 않으면 다른 사람과의 경쟁뿐만 아니라 자기 자신도 이길 수 없단다."는 말을 자주 들려주셨다고 합니다.

1년 후 그는 중학교 입학시험에서 1등으로 입학하기에 이릅니다. 아버지의 한 마디와 격려는 입학시험 1등의 결과로만 나타난 것이 아닙니다. 그 시절 경험을 통해 배운, 인생에는 2등은 없다라는 사실과 배우는 자세를 습관화할 수 있었고 사회에 나와서는 빛을 발휘할 수 있었다고 합니다. 그래서 그는 어떤 목적을 위해 공부한 것이 아니라 습관처럼 공부할 수 있었다고 합니다.

처음 연필을 잡고 공부를 시작하는 아이들에게 진득하게 앉아

자녀의 학습능력을 높이는 법

서 공부하리라고 생각한다면 그것은 부모의 바람에 지나지 않습니다. 일반적으로 아이들이 집중할 수 있는 시간은 채 10분이 안 됩니다. 보통 3세의 어린이는 9분, 4세의 어린이는 12분, 5세의 어린이는 14분 정도로 집중이 가능합니다.

그런 아이들에게 오랜 시간 집중하라고 하는 것은 당연히 무리입니다. 자녀의 학습 효과를 높이기 위해서는 집중하는 시간을 최대한 활용하는 것이 효과적입니다.

또한 꾸준히 공부하는 습관을 들이도록 해야 합니다. 매일 같은 장소, 같은 시간에 맞추어 생활의 일부분이 되어서 공부하는 것입니다. 그렇게 되면 아이들은 공부는 매일 조금이라도 하는 것으로 받아들이게 됩니다.

공부하는 것이 습관이 되기 위해서는 공부하는 장소, 공부하는 시간을 정해 놓는 것이 중요합니다. 책상에서는 공부 이외의 어떠한 행동도 하지 않도록 해야 합니다. 이런 식으로 책상이 공부하는 곳으로 인식되면 책상에서 공부하는 것이 자연스럽게 몸에 익숙해지게 됩니다.

이밖에 "10분만 공부해도 좋아. 대신 열심히 해야 한다."라고 말하면 아이는 공부에 대한 부담감 없이 가벼운 마음으로 공부하게 됩니다. 공부할 때 자녀가 즐겁고 편안하게 느낀다면 그때 기억력은 몇 배로 증강됩니다.

제3장 자녀 학습을 위한 모든 것

매일매일 조금씩

우리가 어린 시절 읽은 동화 중 ≪황금 알을 낳는 거위≫ 이야기가 있었습니다. 농부는 큰 부자가 싶은 욕심에 거위의 배를 자르게 됩니다. 빨리 부자가 되고 싶은 욕심이 앞선 농부는 황금 알에 눈이 멀어 거위의 배를 갈랐던 것입니다. 이것이 바로 '빨리, 빨리'의 위험성입니다. 만일 이 농부가 황금 알을 낳는 거위의 생산 능력에 초점을 맞췄다면 장기간의 안목에서 기다리는 지혜를 발휘함으로써 어렵지 않게 부자가 될 수 있었을 것입니다.

자녀 교육에서도 마찬가지입니다. 자녀를 교육함에 있어서 '빨리빨리'를 외치며 효율성을 강조하는 부모들은 조급한 마음에 조기교육을 하거나, 많은 것을 자녀에게 주입하려고 합니다. 이런 교육은 당장 효율을 올릴 수는 있지만 장기적으로 볼 때에는 임기응변에 불과해 역효과를 가져오게 됩니다.

20004년 미국 하버드대 등 10개 대학 동시 합격, 2003년 SAT II writing (논문) 과목 800점 만점, SAT I (미국 대학 진학 적성 검사) 1560점(1600점 만점), AP(Advanced Placement : 대학 사전 학점 취득제) 11개 과목 모두 5.0 만점 획득 등으로 유명한 박원희 양 또한 하버드대학에 입학할 수 있었던 비결에 대해 매일매일 어머니랑 꾸준히 공부한 데에 있다고 말합니다.

박원희 양은 7살부터 중학교 1학년 여름방학 때까지 엄마와 함께 공부했습니다. 저녁 6시가 되면 저녁 식사를 하고 6시 30분이나 7시부터 공부를 시작했다고 합니다. 가장 먼저 한 일은 일기 쓰기였고, 일기를 쓰고 난 다음에는 영어 테이프를 들었습니다.

처음에는 영어 명작 동화처럼 쉽고 재미있는 것부터 시작해서 CNN 뉴스, AFKN 뉴스 같이 수준 높은 테이프를 들었습니다. 영어 테이프는 30분 이상 들으면 지겹기 때문에 하루에 40~50분짜리 테이프의 한쪽 면만 즉, 20분 정도 들었습니다. 테이프를 듣고 난 다음에는 영어 단어와 고사성어를 열 개씩 외웠다고 합니다. 이 모든 과정을 다 마치는데 2시간 30분 정도 걸렸다고 합니다.

박원희 양은 공부를 잘하기 위해서는 매일매일 조금씩 공부하는 습관을 기르는 것이 무엇보다도 중요하다고 강조합니다.

제3장 자녀 학습을 위한 모든 것

이처럼 공부에서 가장 중요한 것은 매일 꾸준히 공부하는 습관을 기르는 것입니다. 한꺼번에 하는 공부는 학습 부담을 늘리고 효과도 떨어뜨리게 됩니다.

우리 인간은 망각의 동물입니다. 망각과 파지곡선을 보면 알 수 있듯이 100이라는 것을 학습하고 하루가 지나면 50이라는 것이 기억에 남고, 또 그냥 하루를 보내면 25가 남아 결국 일주일을 놀게 되면 학습한 것을 거의 망각하게 됩니다. 이와 반대로 어제 100이란 것을 학습하고 오늘 또 100을 학습하면 150이 기억에 남게 되며, 다음 날에 다시 100을 학습한다면 175가 남게 될 것입니다.

계획은 지속적인 실행이 무엇보다도 중요하므로 부족하다 싶을 정도의 양을 정해서 아이들에게 '실행한 기쁨'을 맛볼 수 있게 해야 합니다. 너무 많은 학습량을 정해놓고, "아직도 다 못했어?" 혹은 "넌 왜 이렇게 느리니?"라고 핀잔준다면 실행의 기쁨은 느낄 수 없습니다.

특히 기분이 좋을 때, 하고 싶은 것을 시작하려 할 때 등 의욕적이 호르몬이 왕성하게 분비되는 시기에 학습하면 적은 시간으로도 높은 학습효과를 얻을 수 있습니다.

유아기 한글교육

영국에 이민을 간 한 어머니는 자녀가 초등학교에 입학할 나이가 되자 알파벳과 숫자를 가르쳤습니다. 우리나라식으로 하자면 7살 아이가 이제 ㄱ, ㄴ을 배우는 것이니까 그렇게 빠르다고 할 수는 없을 것입니다.

그런데 아이가 입학하고 며칠 후 담임선생님이 어머니를 불러서 가정에서 알파벳과 숫자를 가르쳤는지를 물었습니다. 어머니는 자랑스럽게 "네."라고 대답했습니다. 그러자 선생님은 "교육방법이 잘못되었으니, 다음에는 그러지 마세요."라며 주의를 시켰습니다.

당황하는 어머니에게 담임선생님은 영국에서는 유치원이나 초등학교 저학년에서는 처음부터 알파벳을 가르치지 않는다고 알려주었습니다. 이 시기에는 알파벳이라는 문자를 익히며 공부하는 것이 아니라 음성학적으로 영어를 가르치며 자연스러운 지능 발달에 초점을 두고 가르친다는 것이었습니다.

일본의 보육원도 마찬가지입니다. 대부분 보육원에서는 글자를 가르치는 일이 없으며, 어머니들 또한 졸업할 때쯤 자기 이름 정도만 알면 된다고 생각합니다.

예전과 달리 요즈음 대부분의 아이는 한글을 떼고 초등학교에 입학합니다. 4살에 한글을 떼는 아이들도 주변에서 흔히 볼 수 있습니다. 그만큼 유아기 한글교육은 필수적인 사항이 되었습니다.

그렇다면 초등학교 입학 전에 이뤄지는 유아기의 한글교육은 언제, 어떻게 하는 것이 효과적일까요?

유아들의 문자 학습을 지도 시기에 대해서는 학자마다 다소 차이가 있지만 사물을 변별할 수 있는 능력이 어느 정도 개발된 30개월 전후에는 큰 문제가 없다는 것이 일반적인 의견입니다. 그러나 전문가들이 공통으로 강조하는 것은 아이의 개별 발달 단계에 맞추어야 한다는 것입니다.

문자를 해독하기 위해서는 변별 능력이 있어야 합니다. 변별 능력이란 '오'와 '우'나 '다'와 '더'가 다른 것을 구별할 수 있는 능력입니다. 우리 한글의 모양을 보면 'ㅅ'이나 'ㅈ'과 같이 사선이 많이 들어가 있는데 이 사선에 대한 인식 능력이 있어야 한

유아기 한글교육

글 공부가 이루어질 수 있습니다.

아이가 직선과 사선을 변별할 수 있는지를 알아보기 위해서는 종이 위에 마름모꼴을 그려 놓고 아이에게 똑같이 그려보게 합니다. 만약 아이의 그림이 마름모꼴보다는 사각형에 가까운 형태로 그린다면 문자를 학습하기에는 빠릅니다.

유아기의 언어발달은 말하기, 듣기, 읽기, 쓰기 등 총체적인 언어교육이 어우러지는 과정을 거쳐야 가능합니다. 그래서 한글교육은 단순히 'ㄱ', 'ㄴ'을 가르치는 것이 되어서는 안 됩니다.

예를 들어 아이가 '우유'라는 말을 알고 '우유'가 어떤 것인지 알고 있다면, 글자를 가르치기보다는 먼저 '우유'라는 단어를 보여주고 함께 읽는 과정이 필요합니다. 이때 낱말카드 등을 활용해 낱말을 읽는 재미를 느끼게 해주어야 합니다. '우유'라는 낱말에 익숙해진다면 '우'와 '유'를 잘라서 글자 단위로 읽어주고 보여주는 과정이 있어야 합니다. 이렇게 한 단어 속에 두 개의 소리를 구별하고 나눠 읽는 연습을 하면 아이는 비슷한 글자들 속의 자음과 모음의 생김새에 주의를 기울이게 되고, 한글 읽기에 점차 가까워지게 됩니다.

또 놀면서 자연스럽고 재미있게 한글과 친해질 수 있도록 해야 합니다. 글자를 도장으로 찍어본다거나 스티커를 붙이고 퍼즐로 맞추는 등 교구를 통한 학습도 효과적입니다. 놀이를 통한 학습은 유아들이 언어적 자극을 통해 자연스럽게 한글을 익히는 데 도움을 줍니다.

단어를 선택할 때에는 아이가 좋아하는 단어부터 시작하는 것이 좋습니다. 색깔에 관심이 많은 아이에게는 '빨강, 파랑, 노랑' 등을 보여주고 자동차에 관심이 많은 아이는 '버스, 자동차, 트럭' 등의 단어를 보여주며 가르쳐 보세요. 아이는 더욱 흥미를 갖고 따라올 것이며 그만큼 교육적인 효과는 커질 것입니다.

학자들은 한글교육에서 중요한 것은 '부모가 그림책을 읽어주는 것'이라고 한목소리를 냅니다. 책은 문장에서 쓰이는 단어를 함께 익힐 수 있으며 더불어 창의력과 사고력 향상에도 많은 도움을 주기 때문입니다. 어떤 상황에서 어떤 글자가 쓰이고, 부모가 글자를 어떻게 읽는지를 지속적으로 경험하는 것은 중요합니다. 부모와 함께 책을 읽고, 보고, 상상하고, 대화하며, 즐거운 시간을 갖는 아이들은 자연스럽게 글자에 호기심을 갖게 되어 한글공부가 재미있게 느껴질 것입니다.

한글을 일찍 깨우치면 다른 공부도 빨리 터득하리라고 생각합니다. 그런데 애석하게도 한글을 깨우친 시기와 아이의 지적인 능력과는 별 상관이 없는 것으로 알려져 있습니다. 글을 읽을 줄 안다는 것과 내용을 이해하고 파악한다는 것은 전혀 별개입니다. 책을 읽는 목적은 글의 내용을 이해하여 지식, 상상력, 추리력 등을 발달시키는 것이기 때문에 단지 글자만 읽는 것은 인지발달에 영향을 주지 못합니다.

아이들은 시간이 지나면서 자연스럽게 글자를 익히게 되고, 생활 속에서 경험한 것들을 토대로 내용까지 이해하게 됩니다.

부모님의 조급한 마음 때문에 글을 익히는 것부터 공부라는 부담감을 갖게 되면 앞으로 끊임없이 해야 할 공부라는 행위에 대해 부정적으로 인식할 수 있습니다.

엄마와 함께 하는 영어공부

국내 최연소 토익 만점자이자 2005년 프린스턴대학에 입학한 심현석 군. 심 군의 어머니에게 토익 만점의 비결을 물으면 특별히 한 것은 없으며 어릴 적부터 비디오 보는 것을 좋아해서 영어로 된 비디오를 자주 보여준 것이 비결이면 비결이라고 말합니다.

현석이 엄마, 아빠는 맞벌이 부부라 자녀와 함께할 수 없는 시간이 많지 않았습니다. 현석이가 초등학교 1학년 겨울방학 때 어머니는 영어 비디오 한 상자를 선물로 주었고, 이것이 현석이를 영어의 세계로 이끌었습니다. 영어는 모국어가 아니므로 오디오보다 비디오가 더 상황을 이해하는 데 도움이 된다고 판단한 어머니는 월트 디즈니 영어 명작 비디오들을 하나씩 접하게 해주었습니다.

만화영화는 몸짓, 표정, 상황만으로 어느 정도 스토리를 알 수 있었습니다. 현석이는 만화영화를 보다가 궁금한 단어가 나오면 대사집을 찾아가며, 비디오를 이해해 갔습니다. 때로는 퇴근하는 엄마, 아빠에게 모르는 영어를 물어보기도 하였는데, 그때 부모님은 즉각적인 대답을 해주지 않고 아이 스스로 사전을 찾아, 답을 찾도록 하였습니다. 영어 비디오에 차츰 익숙해질 무렵, 영어 책을 사다 주었습니다.

우리나라는 초등학교 3학년부터 학교에서 영어교육을 시작하고 있지만 언어 발달이 비약적으로 성장하는 유아기에 효과적인 영어교육을 위해 많은 부모들이 조기교육에 힘쓰고 있습니다. 이를 증명이라도 하듯이 서울과 경기 등 수도권 아동들은 처음 영어교육을 받는 나이가 평균 3.7세, 65.7%는 만 3~4세에, 19.2%는 만 5세 이상에 영어교육을 시작한다는 설문 조사결과가 있습니다.

이처럼 영어 조기교육이 늘어나고 있는 데에는 언어학적 이론에 근거를 두고 있습니다. 나이에 따라 언어를 습득하는 시기와 학습하는 시기로 나뉘는데, 영유아기는 무의식적 과정을 통해 언어능력을 발달시키는 반면 초등학생 무렵이 되면 의지와 노력이 필요한 학습의 단계에 이르기 때문입니다.

아이가 영어에 흥미를 붙이고 재미있게 공부할 수 있으려면

제3장 자녀 학습을 위한 모든 것

생활 속에서 영어를 접할 기회를 많이 만들어주어야 합니다. 전문가들은 처음 영어를 접하는 데 거부감이 없도록 멀티미디어를 적절하게 활용할 것을 권합니다.

먼저 영어 관련 노래나 애니메이션이 나오는 DVD나 CD 등의 매체를 이용해 흥미를 유도합니다. 하지만 많은 양을 투입해서는 안 되고 흥미를 느끼는 책이나 CD 등을 중심으로 진행되어야 합니다. 부모가 욕심을 내서 알파벳을 쓰는 교육을 빨리 시작하면 아이들은 오히려 흥미를 잃을 수 있으니 주의해야 합니다.

미국에서는 유아가 6~7세가 되기 전까지 쓰기 교육을 하지 않는 것을 원칙으로 합니다. 그러니 무리하게 빠른 시기에 알파벳 쓰기에 집착할 필요가 없습니다.

책이나 CD 등을 통해서 알파벳을 익혔다면 영어 동화책으로 서서히 옮겨가는 것이 좋습니다. 부모는 욕심을 버리고 한 달에 한 권 정도의 수준에 맞는 책을 듣고 읽도록 해주어야 합니다. 이때 부모가 아이와 함께 듣고 따라 한다면 아이는 그 시간이 더욱 즐겁고 재미있게 느껴질 것입니다.

아이가 유치원이나 학원에서 영어를 배웠다면, 가정에서도 배운 내용을 이용하여 여러 가지 놀이를 통해 복습해 보도록 합니다.

"엄마, 오늘 유치원에서 영어 노래 배웠어요."

"무슨 노래인지 한 번 불러보렴."

"One Little ~ Two Little ~ Three Little Indian……."

아이가 노래를 부르면 엄마도 함께 불러주고 동작도 해봅니다.

엄마와 함께 하는 영어공부

이렇게 하여 영어로 배운 숫자를 다시 한 번 상기시켜줍니다. 이 것이 바로 반복 학습입니다. 영어뿐만 아니라 모든 학습은 반복 이 중요합니다.

가장 좋은 영어 교육은 엄마와 함께 실생활에서 자연스럽게 배우는 것입니다. 그러기 위해서는 부모님이 먼저 영어에 대한 두려움을 떨쳐 버려야 합니다. 영어 발음에 자신이 없어서 아이 에게 영어 가르치는 것을 망설이는 엄마도 있습니다. 하지만 엄 마는 아이가 영어를 가깝게 느끼도록 하여주는 역할만으로도 충 분합니다. 발음은 영어 테이프이나 텔레비전을 통해서 들려주면 됩니다.

또한 엄마가 아이에게 "Let's have dinner(저녁 먹자)", "Daddy's home(아빠 오셨다)"와 같은 간단한 말을 자주 해주다 보면 나중 엔 아이도 "이건 영어로 뭐야?" 하면서 자연스럽게 영어에 대한 관심을 높이고 대화를 하게 됩니다.

단 "너 cake 먹을래?"와 같이 우리말에 영어 단어를 섞어서 쓰 는 어설픈 문장을 사용하는 것은 좋지 않습니다. 차라리 단어 하 나만 말하는 것이 낫습니다.

아이가 엄마의 말을 못 알아듣는다면 한국말로 설명을 해주어 도 상관없습니다. 예를 들어 "Here you are."하고 난 다음 "여기 있어."하고 얘기를 하는 것입니다.

유아 영어에서 가장 기본적인 것은 '강요'에 의한 공부가 아닌 '자연스럽게' 느껴야 한다는 것입니다. 아이가 영어 공부하기를

제3장 자녀 학습을 위한 모든 것

싫어한다면 강요하지 말고 다른 방법을 찾아보세요. 부모님과
함께 노래를 부른다거나 게임을 한다면 영어에 대한 부담감도
덜고, 재미있게 공부할 수 있을 것입니다.

엄마와 함께 하는 영어공부

 유아기 독서지도법

"그다음에는 어떻게 되었을까? 네가 말해볼래?"

≪젊은 베르테르의 슬픔≫, ≪파우스트≫의 작가 괴테는 어머니로부터는 이야기를 재미있어하는 흥미와 작가적 재능을 물려받았습니다.

그가 태어났을 때 어머니의 나이는 겨우 열여덟 살이었는데, 어린 괴테에게 재미있는 이야기를 자주 들려주었습니다. 그의 어머니는 이야기를 들려줄 때마다 결론을 이야기하지 않고 아이가 상상력과 창의력을 발휘하여 이야기할 수 있도록 한 것으로 유명합니다. 또한 괴테가 어렸을 때 전래동요를 자장가처럼 노래로 불러주었으며 세 살 때부터는 밤마다 잠들기 전에 동화를 읽어주었습니다.

영국의 총리였던 윈스턴 처칠은 초등학교부터 고등학교까지 꼴찌를 도맡아 할 정도로 학습 부진아였으며 교장 선생님이 마음에 들지 않는다고 교장 선생님의 모자를 훔쳐서 온종일 발로 차고 다니는 말썽꾸러기였습니다. 선생님은 반 아이들이 보는 앞에서 처칠을 불러놓고 '우리 학교에서 제일 멍청한 녀석'이라고 공공연히 말할 정도였습니다.

그런 처칠이 10대 중반부터 조금씩 변화하기 시작하는데, 그것은 어머니의 특별한 독서지도법 때문이었습니다. 어머니는 처칠에게 하루도 빠지지 않고 책을 읽도록 하였는데, 10년 동안 독서교육의 결과 20대 중반에 이르러 국회의원에 당선되기에 이릅니다.

이처럼 역사 속 위인들을 비롯해 성공한 많은 사람에게서 공통으로 발견되는 중요한 습관이 있습니다. 그것은 바로 독서하는 습관입니다. 대부분의 부모님도 어려서부터 독서하는 습관을 갖게 하는 것이 얼마나 중요한지 알고 있습니다. 하지만 많은 책을 읽어준다고 해서 독서하는 습관이 생기는 것은 아닙니다.

아이들의 발달 수준에 맞고 좋아하는 책을 선택해 정기적으로 책을 읽어주는 것이 필요합니다.

2~3세의 유아는 부모가 읽어주는 동화를 수동적으로 수용하는 단계입니다. 이때에는 감각적인 접촉이 효과적이며 인과관계

유아기 독서지도법

등에 대한 인지발달이 이루어지지 않기 때문에 반복적이고 리듬이 있는 글을 읽어주는 것이 효과적입니다. 그러므로 이 시기에는 줄거리가 단순하고 대화가 적고 짧은 동화가 적당합니다.

4~6세가 되면 자기중심적인 세계관이 생기며 선악에 대한 개념이 생기게 됩니다. '왜?'라는 질문이 쏟아지는 시기로 한글을 깨친 아이는 혼자서도 책 읽기가 가능하며 독서에 흥미를 느끼는 시기입니다. 어느 정도의 인지발달이 이루어지지만 짧고 간단한 문장과 삽화가 많은 책이 적당합니다. 글을 소리 내어 읽게 하는 것도 좋고 '등장인물이 누구인지?', '주인공이 무엇을 했는지?' 등등 간단한 질문으로 흥미를 유발해 사고력을 키워주는 것이 좋습니다.

아이가 글을 읽으려고 할 때, 어떻게 독서지도를 해 주느냐에 따라서 책을 좋아하는 아이가 될 수도 있고 책을 싫어하는 아이가 될 수도 있습니다.

대부분의 부모님은 아이가 책을 읽기 시작하면 아이에게 책 읽어주기를 그만둡니다. "이제, 혼자서 읽을 수 있지? 큰 소리로 한번 읽어봐."라고 말하며 굳이 아이에게 책을 읽어줄 필요성을 느끼지 못합니다. 그런데 아이들은 책 읽는 것에 능숙하지 못하기 때문에 책을 읽게 하면 단지 글자를 읽는 것에 지나지 않습니다. 그러면 책에서 얻을 수 있는 풍부한 상상력이나 즐거움을 놓치게 됩니다. 따라서 한글을 깨우쳤더라도 글의 내용을 이해할 때까지는 부모님께서 읽어 주는 것이 좋습니다.

제3장 자녀 학습을 위한 모든 것

특히 자기 전에 책을 읽어 주는 것은 아이가 정서적 안정감을 갖게 하는 데에도 도움이 됩니다. 매일 밤 읽어주기가 힘드시면 일주일에 두세 번 정도라도 읽어 주세요.

유대인 부모들의 자녀교육 방법 가운데 '베갯머리 이야기(Bed Side Story)'는 전 세계적으로 유명합니다.

유대인 아이들은 돌이 지나면 누구나 침대 머리맡에서 부모가 책 읽어주는 소리를 들으며 하루를 마칩니다. 낮 동안에는 엄격함을 잃지 않는 유대인 부모들이지만, 저녁이 되면 잠자리에 들려는 아이들에게 한없이 따뜻하고 자애로운 모습으로 돌아가 책을 읽어줍니다.

유대인들은 '베갯머리 이야기'를 부모의 당연한 의무이자 자연스러운 일과로 여깁니다. 그렇기 때문에 유대인 중에는 유독 유명한 문인들이 많은데 하이네, 토마스 만 등이 대표적이며 스토리를 중시하는 영화 분야에는 스티븐 스필버그, 찰리 채플린 등이 있습니다.

아이와 책을 읽을 때 아이가 한 페이지를 읽고, 엄마가 한 페이지를 번갈아 가며 놀이처럼 책을 읽어 보십시오. 그리고 아이에게 가끔 질문하세요.

"아기 돼지들은 왜 집을 나갔지? 솔이는 알겠니?"

그러면 아이는 나름대로 이해하고 있는 이야기를 하려고 할 겁니다. 만약 대답하기 어려워한다면 질문을 통해서 약간씩 실마리를 제공해 주도록 합니다.

아이들은 같은 책을 보고 또 봅니다. 처음에는 그림을 훑어보면서 내용을 파악하고, 다음에는 그림과 글자를 함께 봅니다. 대부분의 아이는 글자는 건성으로 읽어 넘기고 그림은 자세히 봅니다. 그러다가 한글을 좀 더 알게 되면 손으로 짚어 가면서 더듬더듬 책을 읽어 나갑니다.

유아기 아이들에게 독서는 지식 전달이나 삶의 지혜를 배울 것을 기대하기보다 책읽기에 대한 흥미 유발에 중점을 두어야 합니다. 이렇게 독서가 습관이 된 아이들은 자연스럽게 지식과 지혜를 얻게 될 것입니다.

유아기 동화책 선택하기

아이들에게 독서를 지도하기 위해서는 좋은 동화책을 선택하는 것이 가장 중요합니다.

먼저 동화책을 살 때에는 전집보다 낱권이 좋습니다. 아이들은 같은 책을 반복해서 읽어도 새로운 것을 발견하고 처음 읽는 것처럼 흥미를 느낍니다. 그러므로 여러 권의 책을 읽는 것보다 같은 책을 여러 번 읽는 것이 더욱 좋습니다. 한 권의 책을 여러 번 읽음으로써 좀 더 깊이 이해할 수 있게 됩니다. 또한 낱권으로 책을 사게 되면 새 책을 사는 기쁨을 자주 갖게 되며, 이것은 아이들로 하여금 책 읽기에 대한 동기를 유발할 수 있습니다.

엄마들이 아이에게 들려주는 이야기 가운데 여자아이에게는 신데렐라나 백설공주, 인어공주 또는 콩쥐팥쥐전 같은 이야기가 있는데 이들 동화들은 여성의 수동성, 의존성을 부각할 수 있습니다.

어려운 난관을 헤쳐나가기 위해 스스로 노력하기보다는 왕자님을 만나고, 그래서 행복해지는 내용이 대부분입니다. 또한 예뻐야 한다는 외모 지상주의를 심어줄 수도 있습니다.

머릿속에 많은 것이 들어 있지 않은 어린 시기에 듣는 이러한 이야기는 세뇌되어 각인될 수도 있습니다. 권선징악의 내용만 읽어 주는 것도 아이의 흥미를 감소시킬 수 있으므로 주의해야 합니다.

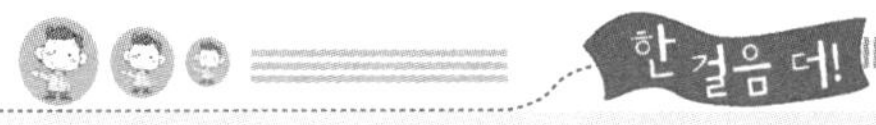

동화책 읽기 이렇게 도와주세요

• 엄마가 들려주실 때

동화책을 들려주실 땐 책에 있는 그대로 읽어주실 필요는 없습니다. 엄마의 상상력을 더하거나 불필요한 부분은 생략하여 읽어주셔도 됩니다. 단 우리말의 특징인 의성어, 의태어를 잘 살려서 읽어주시고 음의 높낮이도 고려하여 연극을 하는 것처럼 읽어주세요. 긴장감을 표현할 때는 낮은 목소리와 빠른 호흡으로 읽어 주세요. 그러면 분위기를 살릴 수 있고 느낌이 살아납니다.

유아기 독서지도법

엄마가 다 읽기도 전에 자녀가 다음 장으로 넘기려고 한다면, 읽기를 빨리 끝내고 다음 장으로 넘기는 것이 좋습니다. 아이가 책을 넘기려고 하는 것은 지금 보고 있는 장에 별로 흥미가 없다는 것을 표현하는 것이므로 무리하여 읽어줄 필요가 없습니다.

• 자녀가 동화책을 읽을 때

동화책을 살 때부터 자녀의 의사를 존중해서 골라주세요.

아이들이 동화책을 읽을 때, 글자는 또박또박 잘 읽지만 의미를 제대로 이해하고 읽는 경우는 적습니다. 글자 하나하나를 아는 것보다는 의미와 동화 전체를 이해할 수 있도록 도와주세요.

책을 다 읽은 다음에는 아이가 책의 내용과 느낌에 대해 이야기해 보도록 해 주세요. 이때 부모의 생각을 강요하거나 주입해서는 안 되며 자녀의 상상력과 생각을 존중해 주세요.

제3장 자녀 학습을 위한 모든 것

 수학을 잘하는 아이로 키우려면

전문가들은 사람들이 수학을 싫어하게 된 이유 중 하나가 가르치는 방법에 문제가 있기 때문이라고 말합니다. 이 말은 부모가 재미있게 가르치면 '수학을 좋아하고 즐기는 아이'로 키울 수 있다는 것을 의미합니다. 특히 아이가 처음 수를 접하는 유아기에 부모님의 역할이 중요합니다.

그런데 대부분의 부모님의 경우 자녀에게 수학공부를 시킨다고 1, 2, 3, 4라는 숫자부터 가르치거나 덧셈, 뺄셈, 곱셈, 나눗셈부터 알려주는 분들이 많습니다. 이렇게 공식화되고 계산화 된 학습은 아이들이 수학을 싫어하는 원인이 됩니다. 1, 2, 3, 4라는 숫자는 하나의 기호일 뿐입니다. 이러한 기호를 가르쳐주기보다는 친근하고 구체적인 사물을 이용해 알게 하는 것이 바람직합니다.

유아기의 수학 교육은 지능 발달과 논리적 사고력, 수학적 직관력을 형성하는 데 매우 중요한 몫을 담당하기 때문에 장래의 수학적 사고에 많은 영향을 끼칩니다. 그러므로 유아기의 수학 교육은 수학을 즐겁게 받아들이고 생활 속에서 수학을 발견할 수 있는 눈을 갖게 한다는 데 의미가 있어야 합니다. 단순 계산보다는 생각하는 놀이로 인식시켜주는 것이 중요합니다.

유아기는 주변에 대해 눈을 뜨는 시기이기 때문에 수학을 따로 배우지 않더라도 생활 속에서 수적 감각을 익힐 수 있습니다. 수적 감각이라는 것은 단순히 만지고 느끼는 것이 아니라 같은 숫자라 하더라도 양인지, 개수인지, 번호인지 등 기준을 갖고 경험할 수 있는 것입니다. 이를 통해 수학적인 시각과 사고를 유도할 수 있습니다.

가게에 전시된 채소와 과일의 수를 세어본다든가, 집 주소, 전화번호를 알려줌으로써 숫자를 친숙하게 여기도록 하는 것이 바람직합니다. 공통점과 차이점을 이해하고 모양과 색깔에 따라 분류하기 등 주변 사물에 대한 관찰로부터 수학적인 사고는 커집니다.

일상생활 속에서 달력과 시계를 통해 수의 규칙과 순서, 크기 등을 비교할 수 있습니다. 장난감이나 집안에 있는 물건들을 가지고 분류하기, 짝짓기, 구분하기, 순서 차례대로 알기 등의 다양한 활동을 경험할 수 있도록 해주어야 합니다.

유아기 수학교육은 앞으로의 수리력을 향상하고 자리를 잡아주는 기본 단계이기 때문에 평생교육의 기초를 닦는다는 생각으로 다양한 경험을 격려하고 자신감을 불어넣는 것이 중요합니다.

수학을 잘하는 아이로 키우려면

 # 아이들은 그림으로 표현한다

손으로 물건을 잡는 능력이 생기는 돌 전후의 아이는 팔의 움직임에 따라 낙서 같은 그림을 그리기 시작합니다. 만 4세 무렵부터는 자신의 경험을 그림으로 그리기도 하고 머릿속에 떠오르는 이미지나 어떤 사물에 대해서도 표현하기 시작합니다.

그림은 유아기 아이들에게 자신을 표현하는 가장 좋은 수단입니다. 아이들은 그림으로 자신의 마음을 표현하고 자신만의 방식으로 세상과 소통합니다. 그런 면에서 유아기 때 미술교육은 창의성과 상상력을 키우는 기본이 됩니다.

어른들의 시선으로 아이의 그림을 보면 이해할 수 없는 것이 많습니다.

"뭘 그리는 거니?"

"불이 난 것을 그리는 거예요."

"그런데 온통 까맣기만 하잖아? 불은 빨간색인데 말이야."

"불에 다 타버려서 그렇게 된 거예요."

부모들은 섣부른 판단으로 자신의 생각을 강요하고자 합니다. 아이 옆에 붙어 앉아 이렇게, 저렇게 그리라며 지나치게 참견하기도 합니다. 하지만 그것은 아이의 창의성에는 독이 되는 일입니다. 부모는 아이의 그림을 평가하는 것이 아니라 아이의 표현을 인정해야 합니다. 아이가 그림을 그리는 과정을 즐기도록 지켜봐 주어야 합니다.

이제 막 표현력의 날개를 단 아이들에게 억지로 그림을 그리게 하거나 예쁘게 색칠하고 똑바르게 선을 그리게 하는 교육에서 벗어나세요. 아이들이 제멋대로 그리는 그림을 관심 있게 관찰하며, 마음속엔 어떤 것이 있고 그것을 어떻게 표현하는지 읽는 것이 더 중요합니다.

그러므로 아이에게 그림 그리기를 시킬 때 무엇을 그려보라고 하지 말고 자기 마음대로 그려보게 합니다. 아이가 그린 그림을 보고 "무엇을 그렸니?"라고 물으면, 아이는 자신의 그림에 이름을 붙이기도 하고, 상상력을 발휘하여 이야기를 꾸미기도 할 것입니다.

유아들의 그림은 틀에 박힌 획일적인 그림이 아닌 아이만의

아이들은 그림으로 표현한다

창의적인 생각과 느낌이 들어 있습니다. 시냇물에서 돼지가 뛰어놀 수도 있고, 돼지우리에서 물고기가 뛰어 놀 수도 있습니다. 딸기를 파랗게도 그리며, 바다를 분홍색으로도 칠할 수 있습니다. 일반적으로 생각하는 그림이나 색깔을 뒤엎는 아이들만의 독특한 발상은 어른들에서는 볼 수 없는 상상력이 있기 때문입니다.

그런데 아이에게 "그건 틀렸어. 어떻게 돼지가 물에서 놀고 잉어가 돼지우리에서 살 수 있니?", "색깔이 안 맞잖아."라고 말한다면 아이들의 무한한 상상력의 세계는 닫혀버리고 맙니다. 아이가 표현하고 싶은 것을 자유롭게 표현할 수 있게 하는 것이 미술교육에서는 중요합니다.

르누아르, 앙리 루소, 폴 고갱 등 유명한 화가와 크리스티앙 디오르, 코코 샤넬 등 디자이너를 배출한 프랑스의 미술교육을 들여다보면 특별한 이론이나 교재가 없으며 형식과 틀도 없습니다.

프랑스 유치원에서는 전체 수업의 80%가 미술과 관련된 교육으로 이루어지며 미술교육은 모든 교육의 기초가 됩니다. 교사는 아이들에게 주제만 알려주며 재료를 선택하는 등의 아이디어는 스스로 결정하게 합니다.

또한 소질이나 재능에 상관없이 어릴 때부터 그림을 그리고, 만들기를 하면서 자신의 마음과 생각을 표현하는 것을 배웁니다. 아이들에게 잘 그린 그림을 강조하지 않으며, 고정관념을 깨고 창조적인 사고와 참신한 아이디어를 끌어내는 데 중점을 두

제3장 자녀 학습을 위한 모든 것

고 교육합니다.

유아기의 아이들에게 미술 재료는 크레파스, 색연필이나 물감에 국한되지 않고, 다양한 종류의 종이, 가위, 풀, 찰흙도 주어서 미술 경험을 하는 것이 좋습니다. 크레파스를 눕혀서 쓴다든가 녹여 쓰는 등 원래의 용도에서 다른 방향으로 써 보고, 그리기, 칠하기, 오리고 붙이기 등 작품을 구성하는 데 이용되는 도구도 다양할수록 좋습니다. 다양한 재료를 동원해 직간접적인 오감 자극을 통해 느끼고, 다양한 기법과 표현활동을 하는 것이 좋습니다. 이를 통해 즐거움을 느끼고, 아이들은 자기 생각을 표현하고 다양한 응용을 경험하게 됩니다.

유아기의 아이들은 5세 이상이 되면 다른 유아의 그림을 인식할 수 있으므로 전시회 등을 관람할 수 있는 기회를 제공해주는 것이 좋습니다.

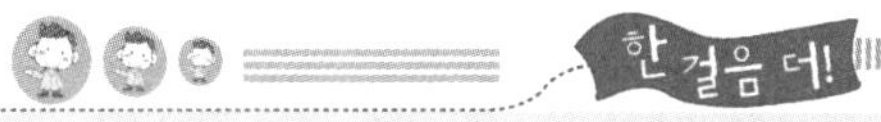

미술교육은 언제부터 시켜야 하나?

아이의 발달에 따라서 미술교육의 시작 시기는 달라집니다. 일반적으로 연필을 빨리 잡고 곡선이나 점선 등의 형태를 자유자재로 그리는 아이들은 좀 더 일찍 미술교육을 해도 괜찮다고 봅니다. 보통 아이가 자신의 생각이나 감정을 스스로 표현할 수 있을 때 시작하는

아이들은 그림으로 표현한다

것이 좋습니다.

단순한 그리기가 아닌 자르고 재구성하기 등의 좀 더 복잡한 미술 교육을 하고자 한다면 만 3세 이상이 되었을 때, 교육을 시작하는 것이 좋습니다.

만 3세 이전까지는 실제적인 그림 그리기 단계라고 보기는 어렵습니다. 아이가 무리 없이 크레파스나 연필 등을 잡고 힘을 줄 수 있는지, 자신의 생각대로 선을 그어 나갈 수 있는지 등을 잘 살펴보십시오. 그리고 눈과 손, 팔 등이 원활하게 협응하고 있는지 보세요. 이것은 그림 그리기는 물론 다른 학습의 기초가 됩니다.

# 음악교육 언제부터 해야 할까?

위대한 작곡가이자 피아니스트, 지휘자인 멘델스존은 1809년 독일 함부르크에서 태어났습니다.

멘델스존의 어머니는 아들의 교육에 매우 열성적이었습니다. 멘델스존이 어렸을 때부터 "넌 세계적인 음악가가 되기 위해 태어난 축복받은 아이란다."라는 이야기를 자주 들려주었습니다. 어머니의 이 한 마디는 멘델스존에게 자신감을 갖게 하였고 어려움에 빠질 때마다 그 상황을 슬기롭게 극복하는 힘이 되어 주었습니다.

어머니는 당대의 유명한 음악가인 지휘자 칠터와 피아니스트

모셀레스에게 멘델스존이 교육받을 수 있도록 하였으며 아들이 세계적이 음악가가 될 수 있기를 기도하였습니다. 어머니의 세심한 배려로 멘델스존의 가족은 일요일이면 정원에 모여 음악회를 열어서 자연스럽게 음악과 친해질 기회를 가지곤 하였습니다.

멘델스존 가의 음악회에는 다양한 사람들이 초청되었는데, 이러한 음악회 등을 통해 멘델스존은 폭넓은 교우관계를 유지할 수 있는 사교성도 익히게 되었습니다. 또한 멘델스존의 어머니는 그가 보다 감성이 풍부해지고 많은 영감을 얻을 수 있도록 유럽을 비롯한 세계 곳곳을 여행하도록 하였습니다. 이러한 여행에서 얻은 경험과 느낌은 그의 음악의 소재로 발현되었습니다.

부모로부터 열정적인 지원을 얻은 멘델스존은 아홉 살 때인 1818년, 생애 처음으로 피아노 연주회에서 천재적인 재능을 인정받아 세상의 주목을 받았으며, 열한 살 때에는 작곡을 시작하였습니다. 그리고 음악사에 길이 남을 작곡가, 연주자, 지휘자로서 커다란 명성을 얻었습니다.

이처럼 선진국에서는 자녀의 음악교육을 매우 중시합니다.

한국리더십센터 김경섭 소장은 세 자녀에게 유아기부터 악기를 배울 수 있게 해주었습니다. 어린 시절부터 악기를 배우게 한 데에는 지·덕·체가 조화와 균형을 이루게 하기 위한 전인교육의 일환이었다고 합니다. 또 하나 김경섭 소장의 부인은 하버드대학이나 예일대학 같은 미국의 명문 대학들이 음악 연주 실력에 대해서 가산점을 부여하고 있다는 사실까지도 고려했다고 합니다.

유아기 아이들의 예능 교육은 기술이나 기능을 습득하기 위한 교육이라기보다는 미술교육과 마찬가지로 아이의 마음을 표현하고 감성을 키우는 도구가 되어야 합니다. 그래서 유아기의 음악교육은 악기를 배우는 교육과는 달라야 합니다.

악기 연주보다는 세상의 소리를 탐색하는 놀이가 먼저 이루어져야 합니다. 악기 교육은 음악과 친해진 뒤에 시작해도 늦지 않습니다. 중요한 것은 아이의 음감을 자극해 음악과 친해질 수 있도록 해주는 것입니다.

만약 아이에게 악기를 가르치고 싶다면 절대음감이 생기는 만 5세 전후로 시작하는 것이 적당합니다. 피아노를 치기 위해서는 손가락으로 치는 힘이 어느 정도 발달해야 하기 때문입니다. 아이의 성향과 관심, 신체적 능력을 살펴 악기를 선택하는 것이 중요합니다.

플루트나 클라리넷 같은 관악기의 시작 나이는 초등학교 고학년 이상이 되어야 할 수 있는데, 이는 아이의 폐활량과 관련된 악기로 제대로 된 소리를 내기 위해서는 폐 기능이 완성될 때까지 기다려야 하기 때문입니다.

최근에는 악기교육을 통한 전인교육을 시행하는 학원들도 늘어나고 있습니다. 이 학원들은 여러 명이 아이들이 한 그룹이 되어 여러 가지 도구를 가지고 놀면서 몸과 마음으로 악기를 표현해보고 잠재력을 개발하고 있습니다.

제4장

인격발달에 중요한 인성교육

# 자녀가 어렸을 때 교육하라

어느 교수가 미국에 갔을 때의 일입니다.

레스토랑의 옆자리에 미국인 엄마와 세 살쯤 되어 보이는 아이가 식사를 하고 있었습니다. 아이는 식탁에 장난감을 올려놓으려고 했습니다. 엄마는 아이가 식탁에 장난감을 올리는 것을 금하기 위해 "No!"를 말했습니다.

그러나 아이는 엄마의 말에 아랑곳없이 계속 장난감을 올리려고 했습니다. 엄마는 또다시 단호하게 "No!"라고 말했습니다. 아이는 잠시 주춤하더니 다시 장난감을 올렸습니다. 이번에는 엄마는 장난감을 식탁에서 내리며 "No!"라고 말했습니다.

엄마는 식탁 위에 차려진 음식을 먹는 것을 중단한 채 아이에게 계속 "No!"라고 정확하게 말했습니다. 몇 번이나 장난감을 올리려고 했던 아이는 결국 식탁에 장난감을 올리기를 포기하였습니다. 엄마의 계속적이고 일관된 방침이 자녀의 의지를 굴복시킨 것입니다.

작은 예인지는 모르지만, 미국의 부모들은 자녀가 아주 어렸을 때부터 어떠한 행동이 자녀의 몸에 밸 때까지 일관성 있게 가르칩니다. 어떻게 보면 어린 자녀가 멋모르고 하는 행동조차도 일관성 있게 가르칩니다.

독일유치원에서 잠깐 교사로 일한 적이 있는 어느 주부는 한 동료 교사가 2살 정도의 아이에게 다 큰 어른에게 말하듯이 15분 이상 따져가며 꾸짖는 것을 보고 깜짝 놀랐다고 합니다. 더욱 놀라운 것은 그 아이 또한 울지도 떼쓰지도 않으면서 선생님의 눈을 쳐다보고 이야기를 들었다는 것입니다.

부모들은 말합니다.

"아직 어린데 뭘 알겠어."

"크면 안 그러겠지."

그러나 자녀는 어리지만 섬세하며 똑똑합니다. 어릴 때일수록 부모의 지침은 더욱 자녀에게 명확하게 와 닿습니다. 자녀가 어릴 때일수록 삶의 규칙들에 대해 가르쳐 주어야 합니다. 나이가 들어서 가르치려면 교육 효과는 떨어지게 됩니다.

자녀에게 가르쳐야 할 규칙들은 어느 날 날을 잡아서 아이를

자녀가 어렸을 때 교육하라

똑바로 앉혀놓고 훈계하듯이 강압적으로 가르치는 것이 아닙니다. 일상생활 속에서 자연스럽게 이루어져야 합니다. 좋은 생활 습관을 길러주기 위해 부모는 차를 타고 가면서, 길을 걸으면서, 식사를 하면서, 동화책을 읽으면서 자연스럽게 어떻게 행동해야 하는지를 알려주어야 합니다.

자녀는 부모를 보고 배운다

한비자가 쓴 『한비자』에는 실려 있는 글입니다.

하루는 증자의 부부가 아들만 남겨놓고 외출을 하게 되었습니다. 아들이 함께 가겠다고 떼를 쓰자, 증자의 아내는 집을 잘 보고 있으면 돌아와 돼지를 잡아 맛있는 음식을 해 주겠노라고 약속을 하였습니다.

아들은 매우 신이 나서 집에 있기로 하였습니다. 얼마 후 증자 부부는 집으로 돌아왔습니다. 집으로 돌아오자마자 증자는 몽둥이를 들고 우리 안에 있는 돼지를 잡으려고 하였습니다. 이 광경을 보고 아내가 물었습니다.

"무얼 하려고요?"

"아이에게 돼지를 잡아준다고 약속했잖소?"

"사실은 아이가 우리를 따라가겠다고 떼를 쓰길래, 거짓말을 한 것이에요. 잔치도 아닌데 그만한 일에 귀한 돼지를 잡을 수 있나요?"

"이미 약속을 하였으니 지켜야지요."

"아이를 달래려고 한 말인데 당신은 그 말을 지키려고요?"

증자는 부인에게 "사소한 약속이더라도 아이에게 한 약속도 약속입니다."라고 말하며 앞으로는 어떤 약속을 하고 나면 반드시 지킬 것을 조언했습니다.

부모님은 아이에게 지키지 못할 약속을 간혹 합니다. 아이와 부모님과의 관계는 신뢰를 바탕으로 해야 합니다. 부모님께서 약속을 해놓고서 그것을 지키지 않게 되면, 아이 역시 부모님이 한 말을 지켜야 할 필요성을 느끼지 못하며, 약속의 중요성에 대하여 깨닫지 못하게 됩니다.

"말 잘 들으면 나중에 놀이공원에 데리고 가줄게."라고 무심결에 약속해 버리면 아이는 종일 엄마 옆에서 말합니다.

"엄마, 우리 놀이공원에 언제 가?"

그러면 엄마는 아이에게 이렇게 말하곤 합니다.

"아니, 넌 말 한마디를 한 걸 가지고 그렇게 졸라대니?"

아이에게 약속할 때는 그것을 지킬 수 있는지를 한 번 더 생각한 뒤에 하세요. 약속을 지킬 줄 아는 부모님이 약속을 지킬 줄 아는 아이를 만드는 것입니다.

자녀가 어렸을 때 교육하라

질서를 지키는 아이로

지하철이나 공연장처럼 사람들이 많은 곳에서 큰소리로 떠드는 것, 식당에서 뛰거나 돌아다니는 것, 나무나 꽃을 꺾거나 훼손하는 것, 무단횡단, 길거리에 함부로 쓰레기를 버리고, 일부러 친구의 물건을 망가뜨리거나 괴롭히는 것……

가정이나 유아교육기관, 사회에는 질서나 규칙이 반드시 필요합니다. 질서, 규칙, 버릇들이기, 예의, 도덕 등과 같은 전인교육은 그 어떤 공부보다도 가장 우선시 되어야 합니다. 컴퓨터와 정보기술이 발달하면서 지식 공부는 혼자서도 얼마든지 할 수 있지만 전인교육은 어릴 때 제대로 이루어지지 않으면 인성 발달에 부정적 영향을 미칠 수 있습니다.

흔히 인간을 사회적 동물이라고 합니다. 인간은 다른 사람과 상호의존적 관계 속에서 관계를 맺으면서 살아가기 때문입니다. 여러 사람과 잘 어울려 원만하고 조화로운 사회생활을 유지해 나가려면 질서가 필요합니다.

여러 사람과 함께 살아갈 때에는 질서를 지키고 다른 사람에 대한 예의를 지키는 것이 중요한데 유아기에는 친구와 어른께 인사드리기, 존댓말 사용하기, 실수나 잘못에 대해 사과하는 것, 자기 물건을 정돈하고 차례를 지키며, 아껴서 생활하기, 감정이나 욕구를 조절하기, 공공장소에서 지켜야 할 규칙을 지킬 수 있도록 해야 합니다.

선진국을 보면 가정에서부터 질서와 규칙을 엄격히 가르치는 것을 볼 수 있습니다. 정해진 질서를 무시하고 자신만 생각하는 이기적인 행동은 절대로 그냥 넘어가지 않습니다. 약속된 규칙과 질서를 어겼을 때에는 그에 상응하는 벌을 준다거나 따끔하게 야단칩니다. 내가 다른 사람에게 피해를 받기 싫어하는 것과 마찬가지로 다른 사람들도 피해를 겪는 것을 원하지 않는다는 사실을 아이에게 깨닫게 하기 위해서입니다.

"파리의 개는 짖지 않고 어린이들은 울지 않는다."라는 말이 있습니다. 이것은 프랑스의 엄격한 자녀교육을 두고 하는 말입니다. 이 지구상에서 가장 자유로운 국가로 알려진 프랑스 부모는 자녀가 공공장소에서 버릇없이 굴거나, 기본적인 예절을 지

질서를 지키는 아이로

키지 않을 때, 따귀를 때리는 것도 서슴지 않을 정도로 엄격합니다. 몇 미터 밖에서도 뺨을 때리는 소리가 들릴 정도로 자녀를 엄히 교육합니다. 손님이 방문하면 아이는 자기 방에서 조용히 놀아야 하며 무엇을 사달라고 조르는 법도 거의 없습니다.

비단 부모님뿐만 아니라 선생님들도 마찬가지입니다. 몇 년 전 프랑스 유치원에 대한 다큐멘터리 프로그램을 방영한 적이 있었습니다. 한 아이가 옆의 아이를 괴롭히자 선생님은 아이를 구석에 서 있도록 하였습니다. 아이가 잘못했다고 선생님께 용서를 구했지만, 선생님은 그대로 아이를 세워두었습니다. 아이가 다시 잘못했다고 선생님의 옷을 잡고 애원했지만 선생님은 그대로 벌을 세웠습니다.

일본은 '메이와쿠(迷惑)'라는 덕목을 강조해서 남에게 손해를 끼치지 않는 것을 사회윤리의 핵심으로 자리 잡고 있습니다. 그래서 일본의 부모들은 배려, 책임, 예절, 친절, 정직 등을 자녀교육의 덕목으로 삼고 이를 교육하는 것을 게을리 하지 않습니다. 자녀가 공부를 못하는 것보다 남에게 피해를 주는 것을 더 부끄럽게 여길 정도입니다.

일본의 부모들은 결정된 원칙이나 규칙은 철저하게 지키도록 가르칩니다. 아이가 휴지 한 장이라도 무심코 버리지 않도록 기초적인 생활질서 훈련을 강도 높게 실시합니다.

이렇게 기초적이고 기본이 되는 질서의식은 부모님께서 가르쳐야 합니다. 아이들에게 질서의식을 가르치는 것은 그렇게 어려운 일이 아닙니다.

이를테면 공공장소에서 버릇없이 굴거나 질서를 무시하는 아이에게는 "너는 왜 그렇게 말썽이니?", "집에 가서 혼날 줄 알아."라고 위협하기보다는 "만약 너라면 어떤 기분이 들까?", "네가 그런 행동을 하면 다른 사람들이 뭐라고 생각할까?"라고 말함으로써 자녀 스스로 생각하고 행동을 개선해나가도록 이끌어 주어야 합니다.

버스를 타기 위해 아이의 손을 잡고 줄을 섰을 때에 이렇게 말해 주는 것은 어떨까요?

"줄을 서는 것은 모두의 약속이란다. 약속을 어기면 다른 사람의 기분을 상하게 하고 피해를 주는 것과 같은 거야."

"내가 때리거나 괴롭힌 게 아닌데?"

"만약에 엄마, 아빠랑 놀이공원 가자고 약속해 놓고 어기면 기분 나쁘고, 서운하지? 그것처럼 다른 사람들도 네가 약속과 질서를 지키지 않으면 싫은 거야."

길을 건널 때는 교통신호를 지키고, 놀이터에서는 차례를 지켜야만 모두가 편하며, 더 나은 사회가 된다는 것을 알려주세요.

우리 사회는 더불어 살아가는 공동체라고 할 수 있습니다. 그러므로 공동체 시민으로서 지켜야 할 예의와 습관을 유아기 때 가르쳐주어야 합니다.

규칙적인 생활습관, 이렇게 기르자

아리스토텔레스는 "탁월함은 훈련과 습관이 만들어낸 작품이다. 탁월한 사람이라서 올바르게 행동하는 것이 아니라 올바르게 행동하기 때문에 탁월한 사람이 되는 것이다. 자신의 모습은 습관이 만든다."라고 말했습니다.

유아기의 생활습관이 초등학교는 물론이고 그 다음 중·고등학교, 나아가 성인이 될 때까지의 생활습관으로 자리 잡게 되므로 결코 소홀히 넘길 수 없습니다.

유아기 때 가져야 할 생활습관에는 어떤 것들이 있을까요?

일찍 자고 일찍 일어나기 •••

아침에 늦잠 자는 버릇은 고치도록 해야 합니다. 자주 늦잠을 자거나 충분한 수면을 취하지 않는 아이는 유아교육기관에 가는 것을 힘들어하고, 아침마다 짜증을 내기 마련입니다. 늦잠을 자는 아이들은 밤늦도록 잠을 자지 않았기 때문입니다. 아빠나 엄마가 늦게 집에 들어오는 경우가 아니라면 9시, 늦어도 10시를 넘기지 말아야 합니다. 10시가 넘으면 잠이 달아나 더 늦은 시간까지 눈을 말똥말똥 뜨고 텔레비전을 보려고 하거나 간식을 먹고 싶어 하므로 일찍 자고 일찍 일어나는 습관을 길러주어야 합니다.

배변습관들이기 •••

아침마다 화장실 가는 습관을 들이는 것은 하루를 상쾌하게 보내는 데 도움이 됩니다. 변비에 걸린 아이들은 뱃속에 무언가가 가득 찬 듯해서 머리도, 몸도 개운하지 못해 하루가 편하지 않습니다. 빵, 탄산음료, 패스트푸드 음식을 많이 섭취했거나 운동부족으로 변비가 생길 수 있으므로 유의해야 합니다.

그런데 평소에는 잘 가리던 아이가 갑자기 옷에 오줌을 싸는 등 대소변을 가리지 못할 때가 있습니다. 이러한 현상은 새로 동생이 태어났거나 부모님이 이혼을 했을 때, 처음 유아교육기관에 들어가게 되었을 때 처럼 갑작스러운 환경변화에 대처하기

규칙적인 생활습관, 이렇게 기르자

어려울 때 나타납니다. 이럴 경우에는 부모님의 세심한 관심과 배려가 필요합니다.

아이에게 화장실 매너에 대하여 알려주면서 용변을 본 후에는 물을 내리고, 손을 씻어야 한다는 것도 가르칩니다.

하루 세 끼, 식사하기 •••

하루 세 끼 규칙적인 식사가 이루어질 수 있도록 식생활 습관을 형성해주는 것은 중요합니다. 먹기 싫다고 적당히 군것질로 대신하거나 굶는 것은 좋지 않습니다. 불규칙한 식사는 두뇌와 몸의 피로를 느끼게 하고, 성장이 느려지고 체력이 떨어져 비만이 더 오기 쉽습니다.

조금 먹더라도 끼니를 거르지 말아야 합니다. 특히 조금만 놀아도 쉽게 지치는 아이, 짜증을 잘 부리는 아이, 낮잠 시간이 길어지는 아이는 하루 세 끼의 식사가 규칙적으로 이루어지고 있는지 확인해야 합니다.

인사하는 습관 기르기 •••

예전에는 이웃 어른들을 만나거나 모르는 사람을 봐도 인사하는 것이 그리 낯설지 않았습니다. 그런데 요즈음에는 인사를 잘 하지 않는 아이들이 많습니다. 부모는 자녀에게 인사하는 습관을 길러주어야 합니다. 습관이란 어렸을 때부터 형성하므로 평상시에 인사하는 법을 잘 배우고 익혀서 때와 장소, 상황에 따라

알맞게 인사하도록 가르쳐야 합니다.

가족끼리도 인사하는 것을 생활화합니다. 예를 들어 아침에 일어나서 부모님은 자녀에게 "잘 잤니?", 자녀는 부모에게 "엄마, 아빠 안녕히 주무셨어요.", "아빠, 회사 잘 다녀오셨어요?"라고 인사하게 하세요.

정리·정돈하기 •••

부모님은 치우고, 아이는 어지르는 것을 당연하게 여기는 경향이 있습니다. 놀이를 한 후에, 외출하고 돌아왔을 때, 공부한 후에 물건들은 제자리에 갖다 둘 수 있어야 합니다. 깨끗하고 완벽하게 정리할 것을 강요하거나 빨리 정리하라고 재촉하면 아이는 오히려 정리·정돈 하는 것을 싫어할 수 있습니다. 부모님께서는 아이 스스로 치우고 정리할 때까지 차분히 지켜봐 주어야 합니다.

아이에게 정리·정돈을 훈련하는 방법은 처음부터 너무 어려운 것을 시키지 마시고 쉬운 것부터 시키는 것입니다. 예를 들면 블록 쌓기를 하고 난 후 장난감 바구니에 블록을 치울 때는 아이가 모두를 치우게 하지 마시고 엄마가 먼저 치우기 시작합니다. 그리고 약간만 남겨 놓은 다음에 아이가 치우도록 합니다.

마지막 블록을 바구니에 담았을 때는 "와, 우리 정수가 블록을 깨끗이 치우는구나. 아주 잘했어."라고 칭찬해 주세요. 이렇게 2~3일 계속하면서 아이 스스로 할 일을 점차 늘려 갑니다. 이때 지나친 간섭이나 규제는 하지 않는 것이 좋습니다.

규칙적인 생활습관, 이렇게 기르자

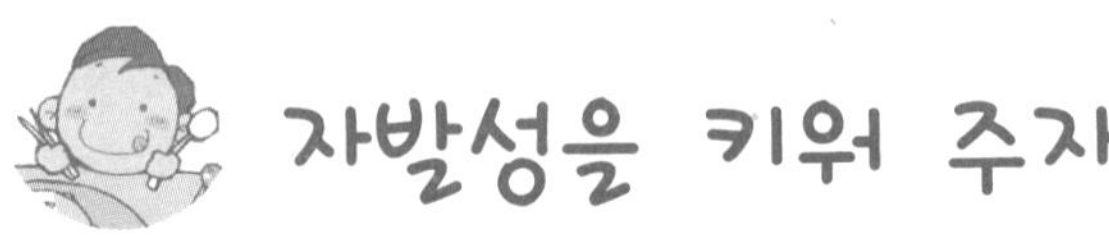

자발성을 키워 주자

한 농부가 있었습니다. 그에게는 세 아들이 있었지만, 모두 게을러서 포도밭을 돌보지 않았습니다.

농부는 "애들아, 내가 포도밭에 귀한 보물을 숨겨 두었단다. 너희가 그걸 찾아 나누어 가지거라."라는 유언을 남기고 숨을 거두었습니다. 아들들은 농기구를 동원하여 포도밭을 파헤쳤습니다. 그러나 아버지가 말한 보물은 어디에도 없었습니다. 아들들은 곧 실망하게 됩니다.

그러나 그렇게 포도밭을 갈아 놓아서 이듬해부터 싱싱하고 탐스러운 포도들이 열리기 시작했습니다. 아들들은 그제야 아버지가 숨겨놓은 보물이 무엇인지 깨닫게 됩니다.

이 이야기는 무엇을 말하는 것일까요? 부모가 자녀에게 무엇을 물려줄 수 있을까요? 부모는 자녀에게 물고기를 잡아주지 말고, 물고기 낚는 법을 가르쳐주어야 합니다.

"엄마, 크레파스 어디 있어?"

"네 방 책상 서랍에 있잖니?"

"어디? 못 찾겠어."

"두 번째 서랍 열어봐. 아! 잠깐만, 거기 있어봐. 엄마가 찾아줄게."

크레파스를 사용하는 건 아이인데도 보관해두고 정리하는 사람은 엄마가 되기 때문에 이런 일이 벌어지는 것입니다. 매사에 완벽을 추구하거나 강박관념이 있는 부모님은 사소하고 세밀한 데까지 지시하고 도와주려는 성향이 더욱 강합니다.

아이에게 하지 말라는 말을 자주 하거나 일방적으로 "이거 해라.", "저거 해라."라고 지시한다면 아이는 지시에 길들어져 혼자서 시도하려는 자발성이 생기지 않습니다. 또한 스스로 판단하고 행동하기 주저하고 자신감 없는 아이로 자라게 됩니다.

이제부터 자녀의 일은 자녀에게 맡겨 스스로 할 수 있도록 지켜보세요. 자녀의 움츠러든 자발성을 끄집어내기 위해서는 비록 부모님의 마음에 흡족하지 않더라도, 조금 부족하더라도, 아이 앞에서 내색하지 말고 기다려주는 것이 중요합니다. 부모님의 여유가 자녀의 자발성을 키워줍니다.

"우리 친구 하자!"

친구를 잘 사귀는 아이로 만들려면 다음과 같이 실천해 보세요.

우선, 아이가 처음 친구를 사귈 때 붙임성 있게 다른 아이와 말을 할 수 있도록 그 첫머리를 일러주십시오.

"야, 너희 재미있게 놀고 있구나. 나도 같이 놀자."라고 먼저 말을 꺼내도록 하고, 다음에 "내 이름은 누구누구야. 네 이름은 뭐야?"라고 자기를 소개하고 친구의 이름을 묻는 연습을 시켜주세요. 일단 호의적으로 말을 걸고 이야기를 하게 되면 아이들은 금방 어울릴 수 있게 됩니다.

그런 다음, 새로운 친구를 사귀게 되면 친구를 대하는 방법에 대해서 알려주셔야 합니다. 먼저 인사하기, 말씨 공손하게 하기 등 친구 관계를 유지하는 데 필요한 것들을 익혀 놓는다면 아이는 친구들과 잘 어울릴 것입니다.

또 내가 싫어하는 것과 좋아하는 것을 친구에게 먼저 말해주고, 그 친구가 싫어하는 것이 무엇인지를 알도록 해주어야 합니다.

마지막으로 친구를 칭찬할 줄 있는 아이로 키워 주세요.

"예나는 얼굴이 참 예뻐.", "화영이는 노래를 잘해." 등 이렇게 친구의 장점을 발견하는 습관을 기르면 대인관계가 뛰어난 아이로 자랄 수 있습니다.

실패와 친해지도록 키우자

찬영이는 축구를 좋아합니다. 찬영이가 다니는 어린이집에서는 아이들이랑 아빠들과 팀을 만들어 축구시합이 열렸습니다. 찬영이는 열심히 운동장을 뛰었습니다. 그러나 찬영이네 팀은 0:1로 지고 말았습니다. 찬영이는 설움에 복받쳤는지 울기 시작했습니다. 자신이 한 골도 넣지 못했다는 것에 대한 아쉬움과 팀이 졌다는 속상함에 펑펑 울기 시작했습니다. 찬영이 아빠는 찬영이를 달랬습니다.

"찬영아, 괜찮아. 축구를 하다 보면 질 수도 있지."

"싫어. 다시 시합해."

“다음에 이기면 되잖아.”

“내가 아까 골 넣을 수 있었는데 우빈이가 밀어서 못 넣었던 말이야. 으~앙.”

이제 찬영이의 터진 울음을 잠재우는 길은 다시 경기를 해서 찬영이가 한 골을 넣게 하는 수밖에 없습니다. 그리하여 찬영이를 위한 가짜 축구시합이 열렸고 아빠들은 찬영이가 골을 넣을 수 있게 골문을 열어주었습니다.

한 골을 넣자, 찬영이의 표정이 이내 밝아집니다. 그러나 다른 아빠들과 엄마들은 '꼭 이렇게 해야 하는 건가?'라는 생각에 기분이 찜찜해졌습니다.

찬영이처럼 실패에 대해 속상해하거나 이기고 앞서는 것을 좋아하는 아이들은 적극적인 태도를 가지고 있습니다. 이런 태도를 잘 이끌어주면 진취적이고 성공적인 아이로 자랄 수 있습니다. 그러나 지나치면 친구들과 원만한 관계를 맺을 수 없으며 본인 스스로도 스트레스를 받게 됩니다. 심하면 자신 있는 것만 하고 잘 할 수 없는 것은 해 보지도 않고 포기해 버리기도 합니다.

찬영이처럼 지기 싫어하는 아이들은 한편으로는 실패를 두려워하는 아이라고 볼 수 있습니다. 실패를 두려워한다는 것은 그만큼 실패와 익숙하지 않아서입니다. 그러므로 실패나 실수는 누구나 할 수 있는 것이며, 실패를 해 본 사람만이 훌륭한 사람으로 성장할 수 있음을 주지시켜야 합니다.

필라멘트는 에디슨이 90여 가지 재료를 사용하여 1년 넘게 실험

제4장 인격발달에 중요한 인성교육

을 하고 무려 2399번의 실패를 통해 만들어진 것입니다. 또한 미국의 전설적인 야구선수이자 홈런왕인 베이비 루스는 1330번이나 스트라이크 아웃을 당하면서 714개의 홈런을 날릴 수 있었습니다.

우리가 잘 아는 ≪해리포터≫의 작가 조앤 롤링은 열두 군데 대형 출판사에서 모두 거절당하고, 소규모인 블룸즈버리 출판사와 겨우 계약을 맺어 ≪해리포터≫를 출간하게 됩니다. 만약 조앤 롤링이 대형 출판사에서 거절당한 것 때문에 낙담하거나 상심했다면 오늘날의 부와 명성은 얻지 못했을 것입니다. 미국 경제잡지 <포브스>의 자료에 의하면 그녀의 재산은 약 5억 6000만 파운드(약 1조 2110억 원)로, 롤링의 수입은 '세계에서 가장 돈을 많이 번 작가 10명'을 선정한 발표에서 나머지 9명의 작가가 벌어들인 소득을 합한 것보다 많았습니다. 영국 <더타임즈>에 따르면 롤링은 엘리자베스 영국 여왕의 재산보다 많다고 합니다. 이것은 그녀가 가난, 결혼 실패 등 어려운 여건 속에서도 자신을 포기하지 않았기에 얻을 수 있는 결과였습니다.

이러한 사례를 통해 알 수 있듯이 실패를 경험한 사람이 성공할 가능성 또한 높습니다. 실패하는 것을 두려워하는 아이에게 가장 중요한 것은 실패와 친해지는 것입니다.

"엄마 유치원에서 동화구연대회 한대."

"그래? 이제부터 연습해야겠네."

"나는 하기 싫어."

"왜?"

실패와 친해지도록 키우자

"난 친구들 앞에 서면 다 까먹어. 아무것도 생각나지 않아."

"그래도 자꾸 하다보면 자신감이 생길 거야."

"상을 못타면 창피하잖아."

"최선을 다하면 그것으로 잘한 거야. 꼭 일등 할 필요는 없어."

부모님이 아이를 이해하고 지지해 준다면 아이는 실패하거나 지더라도 창피하다거나 다른 사람들에게 무시당했다고 느끼지 않습니다. 때로는 잘 할 수도 있고, 못할 수도 있다는 것을 받아들인 아이는 분노나 부정적인 감정도 소화할 수 있습니다.

세계적 기업 GE의 최고경영자이자 20년간 그 자리를 지켰던 잭 웰치는 고등학교 시절, 라이벌 고등학교와의 아이스하키 경기에서 지고 맙니다. 아이스하키팀 주장이었던 잭 웰치는 이 경기가 6연패 후 붙은 7번째 경기였기 때문에 매우 속상했습니다. 그는 아이스하키 스틱을 내던지고 화를 내며 라커룸으로 들어갔습니다.

이 모습을 본 어머니는 "너는 운동할 자격이 없구나. 지는 법을 알아야 이길 줄도 아는 법이란다."라고 말해주었습니다. 잭 웰치는 비즈니스라는 세계에서 여러 번 실패할 때마다 어머니의 말을 되새기며 다시 일어섰으며 세계적으로 인정받는 기업가가 될 수 있었습니다. 그는 "어머니는 나에게 승리의 기쁨뿐만 아니라 실패도 받아들여야 한다는 사실을 가르쳐 주셨다. 나의 리더십은 어머니에게 빚진 것이다."라고 말하고 있습니다.

제4장 인격발달에 중요한 인성교육

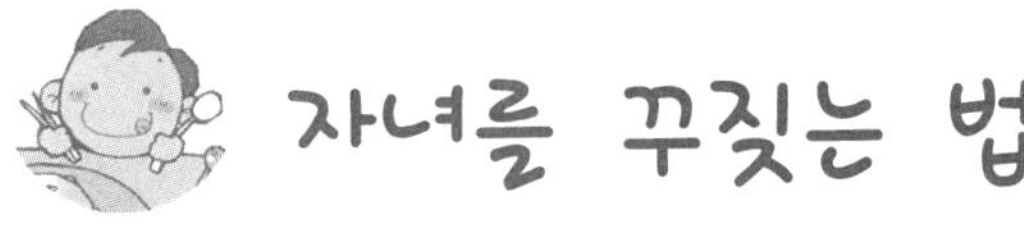# 자녀를 꾸짖는 법

"넌 왜 그 모양이니?"

"내가 너 때문에 못살아."

위와 같은 말은 아이를 위축시키고 자존심을 상하게 합니다.

　아이를 꾸짖는 것은 아이의 행동을 바꾸도록 영향을 주는 데 목적이 있습니다. 그러려면 아이의 행동으로 인해 부모님께서 무엇을 느끼고, 그것이 주변 사람들에게 어떠한 결과를 가져오는가를 전해야 합니다. 아주 '구체적인 영향'에 대해 분명히 말해주면 자기는 행동을 바꿀 마음이 스스로 일어납니다. 아이의 반발도 줄게 되고, 자발적으로 행동할 기회를 갖게 됩니다.

자녀를 꾸짖을 때는 분명하게 말해주되, 구체적이고 긍정적인 말로 하는 것이 이상적입니다. 아이가 장난감을 어질러 놓았을 때도 "어지르지 마"보다는 "네 장난감을 지금 치우렴."라고 말하는 것이 바람직합니다.

부모님은 아이가 잘못을 하면 야단부터 치는 것이 우선입니다. 그러나 체벌이나 다그침은 아이가 무슨 잘못을 했는지를 일깨워 주기보다는 부모에 대한 두려움, 체벌에 관한 공포 등을 가지게 하므로 바람직하지 못합니다.

부모가 자녀를 꾸짖을 때는 몇 가지의 원칙을 지켜야 합니다.

• 첫 번째, 신체적 체벌을 가할 때 흉터나 자국을 남겨서는 안 됩니다.

체벌이란 잘못을 일깨우기 위한 수단 중 하나입니다. 그러한 수단이 아이의 몸에 상처를 주는 것이면 안 됩니다. 아이에게 매를 들 때는 어느 만큼을 야단칠 것인지를 미리 계획을 세우는 것이 바람직합니다.

• 두 번째, 아이가 무엇을 잘못했는지를 알려주어야 합니다.

아이에게 야단을 치면서 무슨 잘못을 했는지에 대해 말해주지 않으면 무엇을 잘못했는지 정확히 모르기 때문에 다시 그 잘못을 번복하게 됩니다.

부모님은 "네가 왜 엄마한테 야단맞는지 알겠니?", "넌 무얼 잘못했다고 생각하니?"라는 식으로 아이의 생각을 통해 스스로 무엇을 잘못했는지를 알 수 있도록 도와주어야 합니다.

제4장 인격발달에 중요한 인성교육

• 세 번째는 아이의 잘못만큼만 야단쳐야 합니다.

아이를 나무랄 때, 감정이 격해 나무란다거나, 예민한 상태에서 꾸짖는 일은 피해야 합니다. 이러한 상태에서 체벌을 받게 되면 아이는 상처를 받거나 반감을 품고 부모를 원망하기도 합니다. 부모님 스스로 자제가 부족하다면, 아이를 체벌할 자격이 없습니다.

• 네 번째, 체벌하고 난 뒤에는 일정 시간이 지난 후 아이를 따뜻하게 대해주어야 합니다.

야단을 맞고 나서 의기소침해진 아이에게 "엄마는 널 사랑한단다. 너를 야단친 것은 사랑하기 때문이야."라고 이야기해 주세요. 비록 야단을 맞기는 했지만 여전히 '엄마가 나를 사랑하고 있다.'라는 생각을 아이가 가질 수 있어야 합니다.

그렇다고 체벌을 하고 난 후 곧바로 아이에게 미안해하거나 용서를 구해서는 안 됩니다. 체벌을 했을 때는 냉정하게 아이의 잘못을 지적하고 아이가 잘못을 인정하고 반성하게 되면 그때 사랑으로 감싸주도록 합니다.

자녀를 꾸짖는 법

자녀에게 효과적인 훈계법

미국의 정신과 의사인 토마스 존슨 박사는 자녀를 훈계하는 부모를 위한 다음과 같은 행동 지침을 만들었습니다.

- 자녀의 인격을 비난하지 말고 그가 한 행동에 대해서 나무라십시오.
- 나쁜 행동이 아니라 좋은 행동에 주의를 기울이고 칭찬해 주십시오.
- 반론을 격려하고 허용하십시오. 그러나 최종적인 결정을 내리는 사람은 부모이어야 합니다.
- 벌은 확실하게 분명한 위반과 관련해서 신속하고 합당해야 합니다. 그리고 벌은 너무 심할 필요가 없습니다.
- 실시하기를 원치 않는 규칙들은 버리고 바꾸어야겠다고 생각될 때는 언제든지 기꺼이 바꾸도록 합니다.
- 강의를 하거나 경고하지 마십시오. 어린아이들은 자기들이 중요하다고 생각하는 것을 기억할 것입니다.
- 규칙들을 설명해야 할지라도, 그것을 정당화시켜야 한다고 생각지 마십시오.
- 어린아이들이 자람에 따라 많은 규칙이 논의되고 타협이 이루어질 수 있습니다. 다른 부모님들이 어떤 규칙을 가지고 있든지 아주 강력히 고수해야겠다고 생각되는 한두 가지 규칙들은 그렇게 해야 합니다.

제4장 인격발달에 중요한 인성교육

- 자녀가 자기의 결정에 책임질 수 있는 능력을 보일 때 그들이 그렇게 하게 하십시오.
- 자녀가 당신보다 더 많은 자제력을 보이리라고는 기대하지 마십시오.
- 당신의 자녀들에게 솔직하십시오. 위선은 곧 드러나기 때문입니다.
- 자녀의 자아상에서 가장 중요한 요소는 당신이 그에 대해서 생각한다고 그가 느끼는 것입니다. 그의 자아상은 그가 어떻게 행동하는가에 있어서 가장 중요한 요소입니다.

자녀를 꾸짖는 법

신체가 건강해야 모든 것이 즐겁다

달리기를 잘하는 아이가 공부를 잘한다

몇 년 전 TV 화장품 광고에서 유행했던 카피 중 "난, 바탕이 달라."라는 카피가 있습니다. 많은 여자 가운데에서 유난히 밝게 웃던 한 여자가 "난, 바탕이 달라."라고 말합니다. 이 광고는 기초화장을 잘해야 다른 사람보다 돋보일 수 있음을 강조합니다.

화장하는 데에서도 기초를 꼼꼼히 해야 하고, 건축도 기초공사가 잘되어야 위험한 사고를 막을 수 있습니다. 건강도 마찬가지입니다. 어릴 때부터 튼튼하게 기초 체력을 다져야 성장하는 내내 잔병치레 없이 보낼 수 있으며 비만, 당뇨 등 성인병을 예방할 수 있습니다. 또한 신체 건강은 아이들의 생활에 활력을 얻게 하고 무한한 잠재력을 키워나가게 하는 밑거름이 됩니다. 유아기의 건강한 신체는 활기차고 풍성한 앞날을 예고하는 것과 같습니다.

"달리기를 잘하는 아이가 머리도 좋다."라는 말이 있습니다. 이 말은 신체가 건강하고 에너지가 많은 아이일수록 공부도 적극적으로 한다는 말입니다. 이와 반대로 아이의 영양 상태가 좋지 못하고 몸이 튼튼하지 못한 경우, 운동 발달이 지연되고 학습 장애를 일으킬 가능성이 큽니다.

어느 유아교육가는 유아기 건강에 대해서 이렇게 말을 하였습니다.

"건강은 목적이 아니라 목적을 이루기 위한 수단입니다. 건강은 활력 있는 생활과 학습을 위하여 반드시 필요합니다. 건강하지 않은 아이는 학습에 지장을 받고 이것은 이후의 삶에 불리하게 작용할 수 있습니다. 따라서 건강해야 더 행복할 수 있고, 즐겁고, 피곤하지 않게 더 많은 시간을 놀 수 있고, 또한 더 나은 학습을 할 수 있습니다."

이웃 나라 일본은 유아기의 아이들에게 머릿속에 무언가를 가득 채우기보다는 오히려 세상을 살아가기 위한 큰 그릇으로 만드는 것이 더 중요하다고 여깁니다. 그래서 실내에서 노는 아이들은 찾기 힘들 정도이며 유치원이나 보육시설 내부에 학습에 관한 자료 또한 찾기 어렵습니다.

우리의 유아기 아이들이 초등학교 준비를 위한 학습과 경험을

달리기를 잘하는 아이가 공부를 잘한다

중시한다면 일본의 유아기 아이들은 신체의 발달과 건강을 더 중시한다고 볼 수 있습니다.

아이들의 체력을 단련시키는 것은 건강뿐만 아니라 뇌의 성장과도 직결됩니다. 운동을 하면 뇌에 산소가 공급되면서 뇌의 활동이 촉진됩니다. 이때 신경세포인 뉴런의 성장과 뉴런 사이의 연결을 촉진하는 두뇌 촉진 인자(BDNF)가 증가하는데, 이 물질이 바로 기억력과 집중력, 언어기능 등을 높여 줍니다. 밖에 나가서 친구들과 뛰어노는 동안, 아이들의 신체는 단련됩니다. 이는 곧 중추신경이나 자율신경의 조정 능력을 향상합니다.

이렇게 몸이 단련되면 호흡기계나 혈액 순환기계의 상호 작용이 원활해지고, 혈관운동신경의 반응이 좋아지게 됩니다. 몸을 움직이는 행위나 운동은 보통 때보다 많은 산소를 필요하므로 그 산소를 보충하기 위해 호흡기와 순환기 기능이 활발해지는 것입니다. 또 근력이 좋아지고 근육의 균형도 바르게 됩니다.

몬테소리 여사는 운동을 통해 정신의 발달이 이루어진다고 하였습니다. 그래서 아이들은 운동을 통해 환경과 관계를 맺어 가며, 이 시기 아이들의 두뇌를 단련하고 발달시키는 역할을 운동이 담당한다고 보았습니다.

우리 아이들이 신선한 공기를 마시는 것, 햇볕을 쬐는 것, 놀이터에서 신이 나게 노는 것은 유아기에 필요한 과정입니다.

제5장 신체가 건강해야 모든 것이 즐겁다

 # 튼튼한 아이로 키우는 건강식

옛말에 '음식이 곧 보약'이라는 말이 있습니다. 이 말은 잘 먹는 것이 그만큼 건강에 중요하다는 것을 의미합니다.

왕성하게 자라는 우리 아이에게 먹을 수 있는 영양 만점 식품은 어떤 것이 있을까요? 아이의 건강은 물론 뇌 활농을 원활하게 하는 식품을 소개하겠습니다.

곡류 •••

뇌의 유일한 에너지원은 포도당입니다. 포도당은 대부분 전분에서 분해되어 만들어지므로 전분이 많이 들어 있는 곡류와 감자를 많이 먹는 것이 좋습니다.

매일 먹는 밥이 지겨워질 수 있으므로 유부초밥이나, 밤이나 대추 등을 넣어 영양밥을 만들거나 감자밥, 고구마 밥으로 자녀의 식욕을 돋워 주세요. 감자를 이용한 샐러드나 수프, 바삭바삭한 감자 또는 고구마튀김도 아이들의 간식으로 안성맞춤입니다.

생선 •••

생선 중에서도 등푸른생선이 좋습니다. 등푸른생선은 DHA의 보고로 뇌 활동을 돕는 DHA는 물론 비타민도 풍부하게 들어 있으므로 일주일에 1~2번은 등푸른생선을 식탁 위에 올려 보세요.

달걀 •••

달걀은 완전식품이라고 할 정도로 영양가가 풍부하며 성장에 필요한 필수 아미노산이 모유 다음으로 높습니다. 집에서 손쉽게 할 수 있는 달걀조림이나 햄에그 샌드위치, 달걀 밥 등으로 다양하게 즐겨보세요.

우유 •••

우유나 치즈는 물론 유제품은 비타민과 칼슘이 풍부하여 아이들에게는 필수음식입니다. 특히 우유는 다른 음식을 먹기 전에 먹으면 우유의 단백질 분자가 뇌에서 다른 음식을 섭취하였을 때 빼앗기는 뇌의 에너지를 막을 수 있습니다. 오늘 식사 전 아

제5장 신체가 건강해야 모든 것이 즐겁다

이에게 우유 한 잔부터 먹이세요.

콩 · · ·

콩은 밭에서 나는 소고기라고 할 정도로 영양가가 풍부한 음식입니다. 특히 뇌세포의 주성분인 레시틴이 풍부하여 성장기 아이들에게 좋습니다. 아이가 좋아하는 음식에 콩을 넣어 맛있게 먹을 수 있도록 해 보세요.

녹황색 채소 · · ·

녹황색 채소는 뇌 기능을 유지하고 단백질을 활성화시켜 주는 데 꼭 필요합니다. 특히 당근과 시금치에는 비타민과 칼슘, 철분이 풍부해 성장기 아이에게 좋은 음식입니다.

몸에 좋은 음식, 나쁜 음식

• 변비에 좋은 음식

변비에 도움이 되는 음식으로는 섬유질이 많은 채소, 살구, 배, 복숭아, 콩, 완두, 시금치, 건포도, 브로콜리, 양배추, 곡식을 통째로 갈아 만든 시리얼이나 빵 종류가 있습니다.

변비에 해로운 음식으로는 우유, 아이스크림, 요구르트, 치즈, 삶은

튼튼한 아이로 키우는 건강식

당근, 감, 바나나 같은 것들이 있습니다.

• 시력을 좋게 하는 음식

칼륨이 들어 있는 음식은 눈에 도움을 줍니다. 칼륨이 든 음식에는 사과, 바나나, 꿀 등이 있으며 전유, 자연 치즈, 달걀, 생선 등에 많이 함유되어 있습니다.

그러나 미네랄과 비타민이 들어 있지 않은 음식은 눈에 해롭습니다. 설탕, 사탕, 케이크, 아이스크림, 콜라 등도 눈에는 해로운 음식들입니다. 이런 단 음식을 섭취하면 설탕이 시신경으로부터 비타민 복합제를 빼앗아 가기 때문입니다.

• 머리를 좋게 하는 음식

두부, 된장, 청국장, 호두, 잣 등은 기억력 향상에 좋으며, 녹황색 채소, 뱀장어, 멸치, 정어리, 콩 등은 사고력을 높여주며 멸치, 두유, 우유, 콩 등은 집중력을 높여줍니다.

해로운 음식으로는 치킨, 라면, 설탕, 마가린, 마요네즈, 인스턴트 식품 등이 있습니다.

• 키를 크게 하는 데 도움이 되는 음식

육류, 콩 ,멸치, 곰탕, 어묵, 치즈, 쑥갓, 시금치, 해초, 우유 등이 있습니다. 인스턴트식품, 탄산수, 청량음료 등은 먹이지 않는 것이 좋습니다.

제5장 신체가 건강해야 모든 것이 즐겁다

유아기 예방접종

최근 홍역을 앓는 초·중·고생들이 많아졌습니다. 이것은 여러 가지 원인이 있지만 생후 1년쯤에 접종한 예방주사의 면역력이 떨어졌기 때문입니다.

대부분의 부모님은 영아기에는 열심히 챙겨서 예방섭종을 하지만 유아기에는 예방접종을 간과하기 쉽습니다. 그러나 이 시기에는 영아 때 접종한 것이 효능이 떨어지게 되고 또래와 집단생활이 시작되므로 전염이 쉽게 됩니다.

유아기에 반드시 해야 할 예방접종에는 어떤 것들이 있을까요?

▷ 만 4~6세 사이에는 DPT와 소아마비 2차를 추가접종 합니다.

▷ 간염은 5년마다 추가접종을 합니다. 그러므로 5세쯤 될 때 간염 추가 접종을 해야 합니다.

▷ 홍역, 볼거리, 풍진, 혼합백신도 이 시기에 꼭 추가접종을 하여야 하며 기간을 놓치신 경우라도 그 이후에 접종해야 합니다.

▷ 장티푸스는 2세 이상 소아부터 접종하되, 3년마다 재접종을 시행합니다.

▷ 일본 뇌염은 미취학 연령 시기에는 2년에 1회씩 접종이 필요합니다.

▷ 독감, 뇌염 예방접종을 합니다.

대체로 열이 적은 가벼운 감기의 경우는 예방접종을 할 수 있습니다. 그러나 정확한 판단은 의사선생님과 상의 후 결정하셔야 합니다. 감기에 걸렸을 때는 진료받으실 때 미리 말씀을 드리십시오.

그리고 육아 수첩을 기록, 보관합니다. 간혹 다니던 소아과를 옮기게 되면 육아 수첩을 바꾸어 달라는 엄마들도 있는데 소아과를 바꾼다고 육아 수첩을 바꾸어서는 안 됩니다. 예방접종 기

제5장 신체가 건강해야 모든 것이 즐겁다

록과 접종한 사람의 사인은 소중한 기록입니다.

▷ 접종은 가능하면 오전에 합니다.

▷ 병원에 갈 때는 반드시 육아 수첩을 지참합니다.

▷ 아침에 아이의 몸에 열이 있는지 확인합니다.

▷ 목욕은 전날 시킵니다.

▷ 접종 후에는 접종 부위를 5분 이상 문질러 주세요. 이렇게 문지르면 약이 골고루 퍼져 국소 반응이 줄어듭니다.

▷ 접종 당일과 다음날은 많이 뛰어놀지 않게 하고, 하루 정도 는 목욕을 하지 않습니다.

유아기 예방접종

 유아기에 해야 하는 건강검진

유아기 건강을 위해서 건강검진 역시 필수입니다.

• 첫 번째로는 치과를 정기적으로 방문하셔야 합니다. 소아치과 의사들의 경우, 어린이가 만 1세가 되면 6개월마다 치과를 방문할 것을 권합니다.

어린이들은 첫 번째 치아가 나오자마자 충치가 생기기 시작하는 것이 보통이기 때문입니다.

유아들의 구강병 중 가장 흔한 것이 바로 충치(치아우식증)입니다. 충치는 매일 먹는 음식물의 당 성분과 구강 내에 있는 균 때문에 발생합니다. 여러 가지 균 중에서도 뮤탄스균이 가장 주

제5장 신체가 건강해야 모든 것이 즐겁다

도적으로 작용합니다. 그래서 뮤탄스균이 많이 존재하는 어머니가 양육한 자녀의 치아에서는 비교적 많은 충치가 발생하며 뮤탄스균이 존재하지 않는 동물의 치아에는 충치가 없습니다.

충치를 내버려두면 이가 붓고 아픈 증세가 나타납니다. 또한 잇몸이 쉽게 흔들려 정상적인 탈락 시기보다 일찍 빼야 하고, 덧니로 나게 될 위험이 있습니다. 그뿐만 아니라 턱뼈의 정상적인 발육과 영구치가 질서 있게 나기 위해서도 아이들의 충치치료는 중요합니다.

충치를 예방하기 위해서는 '치면 열구 전색법'이라는 예방 치료를 하면 됩니다. 어금니는 음식을 부수고 가는 기능을 하는데, 충치의 50%는 이 어금니에서 발생합니다.

'치면 열구 전색법'이란 치아를 갈아 끼우지 않고 어금니의 틈새들에 플라스틱 계통의 복합 레진으로 메워 세균이나 음식물 찌꺼기가 끼지 못하게 하는 방법입니다. 아프지 않으며 충치를 60~90% 정도 예방할 수 있습니다.

외국에서는 오래전부터 불소를 첨가한 상수도를 각 가정에 공급하여 충치를 줄이는 데 효과를 보고 있습니다. 불소 치료에는 두 가지 방법이 있습니다. 하나는 치아가 나기 전에 불소를 먹이는 방법입니다. 나머지 하나는 치아가 난 직후에 치아의 겉면에 불소를 발라주는 방법으로 치과에서 시술받을 수 있습니다.

• 두 번째로는 안과 검진을 받아야 합니다.

출생 직후 아이들은 큰 물체의 유무 정도만 구별하지만 5~6세

유아기에 해야 하는 건강검진

정도가 되면 정상 시력에 도달합니다. 그러나 이때 이상을 발견하면 시력을 회복할 수 없기 때문에 눈에 이상이 없더라도 3세가 되면 안과 검진을 받아보아야 합니다.

눈이 잘 보이지 않으면 집중력, 학습능력이 떨어지게 됩니다. 말을 못하거나 글이나 그림을 못하는 어린이도 시력검사가 가능합니다.

눈은 되도록 빨리 치료해 주어야 시력에 이상이 생기지 않습니다. 시력 발달이 거의 완성된 8세 이후, 한쪽 눈의 시력이 불량한 것을 발견하여 안과를 찾아도 이미 시력 발달 시기를 놓쳐 별다른 치료를 못 하는 경우가 있습니다. 아이들이 눈이 잘 보이지 않는다고 먼저 말하는 경우는 드물기 때문에 가정에서 자녀의 시력이 정상적으로 발달하는지를 정기적으로 검사해 보는 것은 매우 중요합니다. 난시나 원시가 심하더라도 일찍 발견하여 조기에 교정하면 시력이 잘 나오지만 덜 심한 경우라도 늦게 발견하면 교정이 안 되는 경우가 많이 있습니다.

△한쪽 눈을 가린 상태에서 가까운 물체를 잘 보지 못하거나 멀리 떨어진 사물을 못 볼 때 △눈을 자주 찌푸린다거나 자주 비비거나 깜빡거릴 때 △텔레비전을 앞으로 다가가서 볼 때 △불빛이나 햇빛에 유난히 눈을 못 뜰 때 △부모가 고도의 근시, 원시, 난시 및 사시 병력이 있을 때 △미숙아로 태어났을 때 등인 경우에는 안과 검진을 받는 것이 바람직합니다.

제5장 신체가 건강해야 모든 것이 즐겁다

• 셋째, 소변검사도 필요합니다.

소변검사는 손쉽게 채취하여 간단하게 질환을 검사하는 방법입니다. 그러나 아직 부모님의 인식 부족으로 소변검사가 많이 이루어지지 않고 있는데 간단한 검사를 통해 자녀의 건강을 미리 점검할 수 있는 편리한 방법입니다.

올바른 칫솔질 방법

1. **치약 짜기** : 치약은 많이 짜는 것보다는 완두콩 크기만큼이 적당합니다.

2. **칫솔질 열 번 이상하기** : 칫솔질은 제대로 해야 하며, 자기 전에는 반드시 닦아야 합니다. 이를 닦을 때에는 윗니, 아랫니 등 어느 부위부터 닦아도 괜찮습니다. 칫솔을 잇몸에 45도 각도로 대고 치아의 바깥쪽, 씹는 쪽, 안쪽의 순서대로 골고루 부드럽게 닦습니다. 윗니는 위에서, 아랫니는 아래에서 위로 쓸어 올리듯이 부드럽게 닦아주어 이 사이에 낀 찌꺼기를 말끔하게 닦아냅니다. 적어도 이런 동작을 열 번 이상 반복해야 합니다.

3. **혀 닦기** : 혀는 10회 정도 부드럽게 칫솔질해줍니다. 혀를 내밀어 보면 이가 제대로 안 닦인 부분은 이끼 같은 것이 치아를 덮고 있는 것을 감지할 수 있습니다.

유아기에 해야 하는 건강검진

안전교육은 유아기부터

어린아이들을 둘러싼 크고 작은 안전사고들이 일어날 때마다 부모님의 가슴은 철렁 내려앉습니다.

유아기는 발달 특성상 호기심이 많고 탐구하고자 하는 충동이 강합니다. 하지만 아직 신체기능의 발달이 완전하지 못하여 균형을 유지하는 능력이나 운동기능은 미숙하기 마련입니다. 또한 위험한 상황에 대한 인식과 상황을 판단하는 능력이 떨어지므로 사고의 위험은 언제, 어디서나 도사리고 있습니다.

통계청의 자료를 살펴보면 과거 유아 사망의 주된 원인으로는 질병이 단연 많았습니다. 그러나 의학의 발달과 생활수준의 향상으로 최근에는 질병에 의한 유아 사망률은 점차 낮아지고 사고로 말미암은 사망이 점차 늘어나는 추세입니다. 각종 사고를 방지하기 위해서는 철저한 안전교육이 최고의 방법입니다.

안전교육은 아이들이 사고의 위험이 있는 행동에 노출되기 이전에 제공되는 것이 효과적이라는 점을 고려할 때, 유아기는 안전교육을 시행할 수 있는 가장 적절한 시기라고 볼 수 있습니다.

안전교육의 많은 부분은 일상적인 경험과 어른들의 행동을 모방함으로써 자연스럽게 이루어집니다. 유아기 아이들은 위기 상황에 대처하는 행동능력은 떨어지지만 어른들을 따라하는 모방능력은 뛰어납니다.

특히 건널목을 건널 때, 아이가 보는 앞에서 신호등을 무시한 채 건너는 등의 행위는 피해야 합니다. 아이들을 데리고 무단횡단을 하는 것은 교통사고 나는 법을 알려주는 것과 같습니다. 부모님께서는 일상생활 속에서 자연스럽게 안전교육을 가르쳐 주고 모범을 보여야 합니다.

성냥이나 라이터 같은 불을 가지고 장난칠 때, 킥보드를 타고 도로를 향해 달리거나, 공을 주우러 자동차 밑으로 들어갈 때, 그 행동이 왜 적절하지 않은지 설명해 주어야 합니다. 또한 가벼운 타박상이나 상처를 입었을 때에도 상처를 치료해 주면서 사고를 예방하는 방법에 관하여 아이와 대화를 나누는 것이 좋습니다. 사고는 충분히 막을 수 있습니다.

안전교육은 유아기부터

가정에서 하는 응급처치

유아기 어린이들에게 일어나는 사고 중 가정에서 일어나는 사고가 빈번합니다. 따라서 가정에서 뜻하지 않게 발생하는 사고에 대비하여 응급처치를 숙지하고 있어야 합니다.

 미리 준비하세요

▷ 구급약품은 눈에 잘 띄는 곳에 보관합니다.

▷ 응급연락처를 전화기 근처에 붙여 둡니다.

▷ 응급처치 방법을 써서 냉장고나 텔레비전 등에 붙여 둡니다.

출혈이 있을 때 …

상처에 소독된 거즈를 대고 출혈 부위를 손으로 눌러 줍니다. 심장보다 출혈 부위를 높게 올리고 소독된 거즈를 상처에 대고 붕대로 묶습니다. 계속해서 출혈이 멈추지 않으면 드레싱을 두텁게 합니다. 출혈이 심하면 즉시 지혈을 하고 출혈 부위를 높게 하여 안정되게 눕혀야 합니다.

가벼운 상처일 때 …

어딘가에 부딪혀 혹이 나거나 멍이 들면 냉찜질을 하고 하루 정도는 목욕을 시키지 말고 상태를 관찰합니다. 상처가 가벼울 때에는 집에서 치료하지만, 상처가 깊으면 병원에 가서 치료를 받아야 흉터를 남기지 않습니다.

개나 고양이에게 물렸을 때 …

일단 개나 고양이에게 물린 상처 부위를 흐르는 물에서 비누로 깨끗이 씻고 소독약을 바릅니다. 주인이 있는 개에게 물렸다면 광견병 예방주사를 맞혔는지 확인하고 상처가 가벼워도 즉시 외과나 소아과에서 진찰을 받고 의사의 지시에 따르도록 합니다.

출혈은 심하지 않지만 상처가 깊을 때, 개에게 물린 뒤 토하거나 기분이 좋지 않고 나른해 보일 때, 고양이에게 할퀴고 며칠이

지나 겨드랑에나 사타구니의 림프선이 부어오르면 위험합니다.

타박상이나 골절됐을 때 • • •

타박상으로 생긴 멍이 오랫동안 없어지지 않고 계속 아프다고 하면 정형외과에 가서 정확한 검사를 받아봐야 합니다. 뼈에 미세한 금이 갔을 수 있기 때문입니다. 설혹 미세 골절이 아니더라도 심한 타박상이 있는 경우엔 병원에 가서 뼈에 대한 검사를 받는 것이 좋습니다. 성장기 아이들은 관절 안 뼈 끝 부분의 성장판이 손상되면 성장과 뼈 발육에 장애가 생길 수 있습니다.

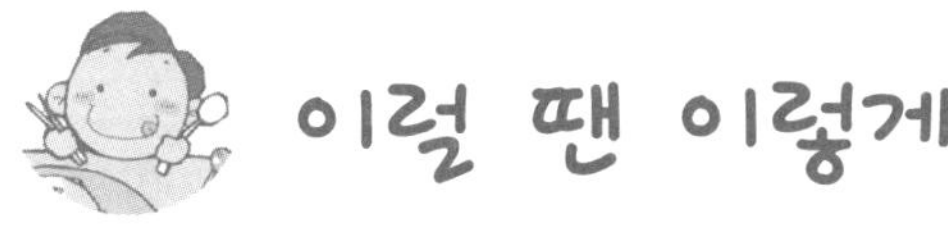

배가 아파요 •••

평소에 잘 놀던 아이가 배가 아프다고 하면 부모님은 꾀병인지, 정말 아픈 것이지 구분이 안 됩니다. 복통은 크게 걱정할 정도는 아니지만 간혹 특정질환 때문에 복통을 호소하는 때도 있어 안심하실 수는 없습니다.

유아기에 잘 나타나는 복통은 특별한 원인 없이 나타나는 기능성 복통이 대부분입니다. 소화기관 장애, 예민한 위장, 스트레스가 주요 원인입니다. 예민한 어린이거나, 많은 요구나 기대를 받는 아이, 성취욕이 강한 아이, 변비가 심한 아이, 몸이 체질적으로 찬 아이일수록 이런 증세가 잘 나타납니다.

일반적으로 아이들의 복통 중 병으로 판정되는 경우는 10%도 안 됩니다. 그러나 간혹 위궤양, 신장질환, 식도염 때문에 복통이 나타날 수도 있습니다.

지속적으로 아픈 통증이 있거나 설사, 구토하는 경우, 갑자기 극심하게 배가 아프다고 하는 경우에는 전문의를 방문하는 것이 현명합니다. 또한 열이 나고 변에 혈액이 섞여서 나올 때에도 질환을 의심해 보셔야 합니다.

진짜 복통과 가짜 복통을 구별하시기 위해서는 자녀를 눕혀 놓고 아프다고 하는 부위에 부모님의 엄지나 중지를 가볍게 눌러보세요. 특정 부위를 누를 때 자녀의 얼굴이 심각하게 찡그려지거나 아프다고 하면 진짜 아픈 경우입니다.

복통의 주요 원인이 바로 스트레스입니다. 자녀들에게 적당한 운동을 하게 하시고 학습에 대한 부담을 줄여주세요. 그리고 소화에 부담을 주는 라면, 과자, 아이스크림, 음료, 밀가루 음식 등은 피하는 것이 좋습니다.

열이 나요 •••

열이란 정상 체온보다 상승한 것을 말합니다. 아이의 체온은 38도 이상이면 열이 있다고 봅니다. 다른 사람으로부터 감염되거나, 예방접종 후, 탈수 증상이 나타나면 열이 나타나게 됩니다.

일반적으로 체온은 나이와 측정하는 시간, 신체 부위에 따라서 조금씩 차이가 있습니다. 주로 머리나 목 부분은 뜨겁고, 팔·다리는 차가운 편입니다. 그리고 오후 5~7시경에는 높게 나타납니다. 또한 엄마의 손이 찬 공기에 오랫동안 노출된 경우, 아이에게 열이 없어도 뜨겁게 느껴질 수 있습니다.

그러므로 부모님께서 손으로 만져서 자녀의 체온을 측정하는 방법보다는 체온기를 가지고 정확하게 측정하는 것이 바람직합니다. 체온계로 측정할 때에는 체온계의 윗부분을 손으로 잡고 흔든 후, 눈금이 아래로 떨어진 후에 측정하는 것이 정확합니다.

입안, 겨드랑이, 항문 등 여러 부위에서 측정할 수 있습니다. 일반적으로 구강은 37.5도, 겨드랑이는 37.2도, 항문은 38도를 상한선으로 봅니다.

열이 나는 경우에도 밥도 잘 먹고, 평상시와 같이 잘 논다면 특별히 약을 먹이거나 병원에 갈 필요는 없습니다. 그러나 얼굴빛이 창백하며 힘이 없는 경우, 얼굴이 붉으면서 눈에 초점이 없는 경우, 경련을 일으키면서 의식을 잃는 경우, 높은 열이 1~2일 이상 지속되면 병원을 찾아야 합니다.

가정에서 열을 내리게 하려면 우선 옷을 다 벗겨 열을 밖으로 빠져나가게 합니다. 그리고 충분히 수분을 공급하여 준 다음 미지근한 물을 거즈나 수건에 묻혀 쉬지 말고 닦아 줍니다. 이때 꼭 짜서 닦는 것보다는 물이 뚝뚝 떨어질 정도로 많이 묻혀서 닦도록 합니다.

멀미가 심해요 •••

멀미란 차나 배, 놀이기구 등을 탔을 때 속이 메슥거리거나 구토가 일어나는 현상을 말합니다. 이러한 멀미는 귀에 있는 세반고리라는 기관의 평형상태가 깨어졌을 때 일어나는 현상입니다. 세반고리는 우리 몸의 기울어진 상태와 움직이는 상태를 감지해 몸의 평행을 유지해 주도록 해 주는데, 이 세반고리가 느끼는 감각이 차이가 날 때 멀미가 생기는 것입니다.

엄마들이 많이 하는 실수 중의 하나가 멀미하는 아이를 차에 태울 때 빈속으로 출발한다는 것입니다. 아이가 멀미하면 구토를 하기 때문에 아예 속을 비워주는 것인데 이렇게 되면 오히려 속이 허하여 고통을 느끼게 됩니다. 그러므로 출발하기 1시간 전에 음식을 미리 먹여 공복을 없애는 것이 좋습니다.

기차나 버스를 탈 때는 가급적 뒷자리를 피하고 배를 탈 때는 중간쯤에 앉아주세요. 차는 엔진이 뒤쪽에 달려 있기 때문에 멀미를 많이 느끼게 되기 때문입니다.

멀미를 심하게 하는 아이라면 차 타기 1시간 전쯤에 멀미약을 미리 복용하여 아이가 멀미로 인해 고생하지 않도록 배려해 주시고, 아이가 집중하여 놀 수 있는 거리를 만들어 주세요. 차를 타고 가면서 게임을 한다거나 노래를 부르고, 좋아하는 이야기를 하는 것도 멀미를 막을 수 있는 좋은 방법입니다.

또 옷을 느슨하게 입히고 창을 열어 시원한 바람을 쐬게 하거나 잠을 자게 하는 것도 방법이 됩니다.

제5장 신체가 건강해야 모든 것이 즐겁다

승용차나 버스를 타고 갈 때는 될 수 있으면 어린이는 앞좌석에 태우지 않고, 차 문은 조금만 열어주십시오.

코피가 자주 나요 •••

느닷없이 쏟아지는 코피는 아이와 부모 모두를 당황스럽게 만듭니다. 밤에 자다가 코피를 쏟을 땐 병원에 가자니 왠지 망설여지고, 그렇다고 가볍게 여기자니 꺼림칙합니다.

코피는 콧속의 물렁뼈인 비중격 앞쪽의 혈관들이 터져서 발생합니다. 이곳의 혈관들은 쉽게 손이 닿을 수 있는 곳에 있으며 점막들도 약하여 조그만 외상이나 염증에 의해서도 쉽게 코피가 납니다.

특히 어린이들은 습관적으로 코를 만지거나, 콧구멍을 후비거나 하여 코피가 납니다. 잠자는 아이들이 코피를 흘리는 것도 잠을 자면서 코를 건드려 코점막의 혈관이 손상되었기 때문입니다.

코피가 나면 편안한 자세에서 머리를 앞으로 숙이게 한 다음 입으로 숨을 쉬게 하고, 콧망울을 꼭 잡아 줍니다. 피가 멈춘 후 3~4시간 안에는 코를 심하게 풀거나 하는 자극을 주어서는 안 됩니다. 코를 잡아 주고도 30분이 지나도록 피가 멎지 않는다면 병원을 방문하는 것이 좋습니다.

팔, 다리가 아파요 •••

유아 중 이유 없이 밤에 팔, 다리가 아프다고 호소하는 경우가

이럴 땐 이렇게

있습니다. 엄마, 아빠는 걱정이 되어 병원에 데리고 가보지만 별다른 이상을 발견하지 못합니다. 이것이 바로 성장통으로, 성장기에 있는 25%의 어린이들이 이 증상을 갖고 있습니다.

성장통은 의학적으로 원인이 규명되지는 않았지만 많이 뛰어놀면 근육 내에 젖당이 축적되고 밤이 되면 이 젖산이 활성화되어 통증을 일으키는 것입니다. 성장점이 있는 뼈의 골단부 골세포의 분열 속도와 그 주변 근육이나 인대의 성장 속도의 부조화 때문에 통증이 일어나기도 합니다.

성장통은 크게 걱정하실 필요가 없습니다. 아프다고 하면 다리를 주물러 주거나 따뜻한 물에 샤워를 시켜 혈액 순환을 촉진하면 젖산이 축적된 것을 없애서 통증을 가라앉힐 수 있습니다. 또 백작약, 숙지황, 황기, 당귀, 천궁 등을 넣은 쌍화탕을 아이에게 차를 마시듯 수시로 마시게 하는 것도 좋습니다.

독감에 걸렸어요 •••

감기는 200여 종류의 서로 다른 바이러스에 의한 감염들을 통틀어서 일컫는 말입니다. 감기의 증세에는 재채기, 콧물, 코막힘 등이 주로 나타납니다.

독감은 인플루엔자에 의해서 생기는 것으로 노약자와 어린이가 걸리기 쉽습니다. 감기와 독감은 증세가 비슷하지만 독감의 경우, 감기보다 고열, 오한, 두통 등의 증세가 나타납니다. 또한 전염력이 강하고 폐렴 등 합병증의 발생 빈도가 높으므로 미리 건강관리에 신경을 쓰는 것이 좋습니다.

독감은 주로 12월부터 2월 사이에 많이 발생합니다. 독감 예방 접종은 2주 후부터 항체가 생기며 3개월이 지나면 효과가 가장 좋습니다. 그리고 5~6개월 정도 효과가 지속됩니다. 그래서 독감 예방접종은 보통 9월에 1차 접종을 하고 10월에 2차 접종을 합니다.

예방접종을 하면 독감은 60~90% 정도 예방됩니다. 이러한 수치는 여러 종류의 독감 가운데 접종약과 같은 종류의 독감이 유행할 때 나타나는 수치입니다. 그러나 독감 예방접종을 한다고 해서 감기가 예방되는 것은 아님을 알아두셔야 합니다.

최근 1년 동안 경기한 적이 있는 어린이나 열이 있는 어린이, 계란 알레르기가 있는 어린이는 접종을 피해야 합니다. 열이 나는 어린이는 열이 떨어진 후 접종을 연기해야 하며 가벼운 감기나 알레르기성 비염은 의사와 상의하여 접종토록 합니다.

이럴 땐 이렇게

놀이로 키우자

 잘 노는 아이로 키우자

세계적인 골프선수 박세리 선수는 우리나라가 IMF로 힘들어하던 1998년 US여자오픈에서 메이저대회 첫 우승을 일구어냈습니다. 그러나 승승장구하던 그녀는 얼마 지나지 않아 깊은 슬럼프에 빠지게 됩니다. 한국 골프의 간판이자 세계적 선수였던 박세리 선수의 부진에 대해 아버지는 "소렌스탐과 세리 사이에는 결정적 차이가 있다. 소렌스탐은 어린 시절부터 제대로 쉬는 방법을, 즉 긴장을 푸는 방법을 알고 있었다. 하지만 세리는 오직 열심히 훈련만 하다 보니 쉬는 방법을 배우지 못했다."라고 말한 바 있습니다.

휴식하고 쉴 줄 몰랐던 그녀는 단기적인 성과는 낼 수 있었지만 장기적으로 좋은 결과를 가져올 수는 없었던 것입니다.

"그만 놀고 공부 좀 해라."

부모님은 아이가 노는 모습을 보면 다른 아이들은 다 공부하는데 우리 애만 노는 것 같아서 불안합니다.

하지만 걱정하지 않으셔도 됩니다. 교육학자들에 의하면 유아기 아이들은 놀이를 통해 신체 발달, 사회화 발달, 그리고 상상력과 창의력 등을 배울 수 있다고 합니다. 배움은 어린아이가 노는 동안 모든 부분에서 일어나는데, 학습과 마찬가지로 이것 역시 평생 아이에게 남습니다.

놀이는 또 다른 학습입니다. 부모님 중에는 놀이와 공부를 따로 생각하는 분들이 있는데, 유아기의 아이들은 놀면서 스스로 배우고, 탐색하면서 학습의 토대를 마련합니다.

우리 인체는 음식물을 골고루 섭취하지 않으면 성장이 늦거나 신체에 이상이 생기게 됩니다. 마찬가지로 아이들도 실컷 놀지 못하면 스트레스를 받을 뿐만 아니라 놀이를 통하여 얻게 되는 감각, 인지력, 창조력, 사회성마저 배우지 못합니다. 운동장이나 놀이터에서 실컷 뛰어노는 것, 또래와 장난치는 것, 이 모두가 아이들에게는 튼튼하고 씩씩하게 자랄 수 있는 영양분이 됩니다.

그래서 프랑스의 경우 우리나라의 입시지옥처럼 어린이들이 열심히 공부하기보다는 체험하고 경험하는 것을 더 우선시합니다.

일례로 프랑스 초등학교의 점심시간은 정오부터 1시 45분까지

잘 노는 아이로 키우자

로 길며, 수업도 일주일에 4일만 수업합니다. 유치원은 방문학습이나 체험학습이 많기로 유명한데, 수학여행만 해도 보름 정도 걸릴 정도입니다. 교실 안에서 배우는 교육보다 아이들이 실제로 눈으로 보고 체험하는 교육이 더 중요하다는 방침 때문입니다.

아이가 아파트 놀이터나 초등학교 운동장에 가서 논다고 하면 잘 허락하지 않는 부모님들이 있습니다. 넘어지기라도 해서 상처를 입거나, 다른 아이들과 싸우지는 않을까, 혹 유괴라도 당하지 않을까 걱정부터 앞서기 때문입니다. 그렇다고 방안에만 가둬놓고 키우자니 신체 및 사회성 발달에 좋지 않을 것 같아 걱정되기도 합니다.

아이들에게 놀이는 곧 생활이자, 배움의 수단입니다. 이 놀이를 잘 활용한다면 아이는 건강하고 밝게, 그리고 똑똑하게 자랄 수 있으므로 지나치게 집안에 가둬서 기르는 것은 바람직하지 않습니다.

제6장 놀이로 키우자

# 놀이가 아이에게 가져다주는 것들

놀이는 아이들에게 많은 영향을 미칩니다. 유아교육전문가 김동일 교수는 놀이에 대하여 다음과 같이 말합니다.

"놀이란 아이들에게 삶이며, 일(노작(勞作))입니다. 아이들은 놀이를 통해 인격형성에 큰 영향을 받을 뿐만 아니라 즐거움, 자유, 민족, 휴식, 평화를 얻고 그들의 세계를 창조해 나갑니다."

이처럼 놀이는 다른 활동과는 달리 활동 자체가 목적이 되며, 정신적인 즐거움을 얻게 합니다. 그 외에도 놀이는 많은 역할을 합니다.

• 첫째, 놀이는 우리 아이들의 크고 작은 신체 근육을 움직이고 훈련하는 데 효과적입니다.

이는 아이들의 활동량이 그만큼 많다는 의미로, 아이들의 활동량만큼 움직이고, 돌아다니고, 뛰어다닐 수 있어야 합니다.

이 모든 것들은 아이들의 신체 근육을 발달시키며 튼튼하게 합니다. 또한 이때에 운동 감각이 길러지므로 운동에 소질에 있는 아이들은 일찍부터 재능을 키울 수도 있습니다.

• 둘째, 놀이는 아이들의 스트레스를 해소할 뿐만 아니라 잉여 에너지를 방출시켜 정서적으로 안정을 줍니다.

아이들은 놀이에 몰두하다 보면 주변의 다른 것에 신경을 쓰지 않고 노는 데에 온 신경을 쓰게 됩니다. 모든 것을 잊고 놀이에 집중하다 보면 스트레스를 자연스럽게 풀게 되고 집중력도 생겨납니다.

• 셋째, 놀이는 아이들이 의사소통할 수 있는 능력을 키워 줍니다.

놀이하기 위해서는 전달하는 방법을 배워야 하고 규칙을 지켜야 합니다. 예를 들어 '얼음 땡' 놀이를 하더라도 "네가 술래야.", "아니야, 난 네가 치기 전에 '얼음' 했단 말이야." 등 서로 이야기를 하면서 놀기 때문에 언어 소통을 할 수 있고 규칙을 배울 수 있습니다.

이 외에도 서로 부딪혀 가면서 사회성을 기르고, 아이의 욕구와 바람을 표현할 수 있으며, 가정이나 교육기관에서 경험할 수 없었던 여러 가지를 경험하고 학습할 수 있습니다.

세계적으로 유명한 생물학자 중 한 사람으로 꼽히는 스티븐 제이 굴드라는 사람이 있습니다. 그가 5세 때, 아버지는 자연사 박물관에 데리고 가서 거대한 공룡을 구경시켰다고 합니다. 훗날 그는 그때 보았던 공룡이 자신의 인생에 커다란 영향을 미쳤다고 술회하였습니다.

이처럼 유아기의 체험은 단순한 놀이나 경험이 아니라, 자녀의 인생에 미칠 커다란 영향력이 됩니다.

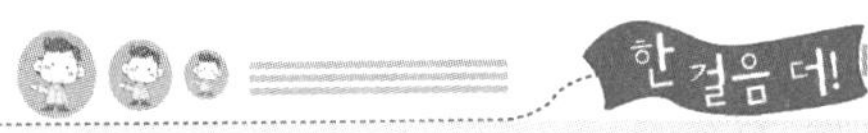

텔레비전 교육으로 활용하기

아이의 교육을 위해 텔레비전은 멀리해야 하는 물건임은 틀림없습니다. 그러나 텔레비전을 보지 못하게 하려 해도 좀처럼 아이는 텔레비전에서 시선을 떼지 못합니다. 이렇게 텔레비전을 좋아하는 아이라면 텔레비전을 교육적으로 활용하는 것이 어떨까요?

먼저 아이와 텔레비전 시청 시간과 시청할 프로그램을 적질히 조율합니다. 이때 부모님의 일방적인 뜻을 따르도록 하는 것보다 아이의 생각을 참고하여 시청할 프로그램과 시간을 정하는 것이 좋습니다.

둘째, 텔레비전을 시청하는 시간은 두 시간이 넘지 않도록 합니다. 텔레비전을 많이 보게 되면 놀이를 하거나 학습하는 시간이 그만큼 적어지며 텔레비전의 쾌락에 길들여질 수 있습니다. 보통 유아 프로

놀이가 아이에게 가져다주는 것들

그램은 30분 정도이면 마치게 되므로, 이때 텔레비전을 끄고 잠시 쉬게 합니다.

셋째, 프로그램이 끝나면 아이 스스로 텔레비전을 끄도록 합니다. 이어서 나오는 광고와 예고 프로그램을 보다 보면 자연스럽게 다음 프로그램으로 이어질 수 있으므로 사전에 정한 프로그램이 끝나면 아이가 직접 텔레비전 전원을 끄도록 합니다.

넷째, 텔레비전은 부모님과 같이 시청합니다. 부모님과 같이 텔레비전을 시청하면 아이가 프로그램에 지나치게 빠져드는 것을 막을 수 있습니다. 또한 아이가 좋아하는 프로그램이 어떤 내용인지, 왜 좋아하는지, 제대로 이해하고 있는 지 등을 관심 있게 살펴볼 수 있습니다.

다섯째, 프로그램이 끝난 후에는 아이와 대화를 나누도록 합니다. 보통 5~6세의 아이들은 프로그램을 보면서 대화를 나눌 수 있습니다. 만화의 전개 상황을 물어본다거나 어떤 장면이 재미있는지, 줄거리를 계속 이어서 얘기해 보는 것도 좋습니다.

제6장 놀이로 키우자

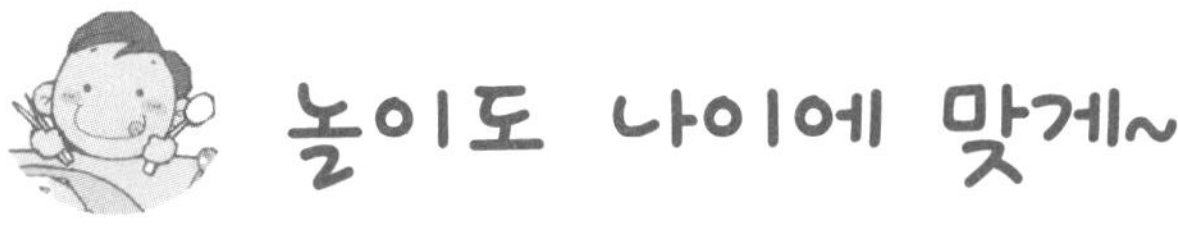

놀이도 나이에 맞게~

유아기 아이들은 놀이하는 것을 무척 좋아하지만 나이와 발달단계에 따라 놀이에 반응하는 흥미도는 조금씩 다릅니다.

이제 막 말문이 트인 3살 난 아이와 '시간'에 관련된 놀이를 한다면 아이는 놀이에 참여할 수 없을뿐더러 이해하지 못할 것입니다. 아직 어린아이에게 시간이라는 것은 어려운 개념 중의 하나이기 때문입니다.

만 6세 정도가 되면 몇 시에 유치원에 가고, 언제 점심을 먹는지 등등 하루의 일과를 머릿속에 그릴 수 있게 됩니다. 이때는 하루 동안 했던 일을 순서대로 맞출 수가 있습니다.

아이들의 신체와 인지발달은 개인차가 심해 생활 연령에 따라 맞도록 놀이 양식을 구분할 수는 없지만 발달 단계는 비슷하므로 단계마다 아이에게 맞는 놀이를 찾아서 즐겨 보세요.

만 2~3세

이 시기는 신체적 발달단계가 점차 성숙하여 가는 첫 과정이므로 실내외에서 많은 놀이를 할 수 있어야 합니다. 운동 능력이 급속히 발달하므로 구르기, 씨름 놀이, 계단 오르내리기, 달리기, 공 던지기 등이 좋습니다.

춤추기 •••

엄마 발등에 아이의 발을 올린 상태에서 손을 맞잡고 함께 걸으며 이리저리 움직입니다. 스킨십을 느끼면서 엄마와 아이가 어울려 노는 놀이를 많이 하면 아이의 감성 발달에 좋습니다.

자연놀이 •••

꽃과 흙 내음을 맡으면서 자유롭게 놀도록 합니다. 가까운 공원이나 아파트 공용 녹지에 데리고 나가 마음껏 뛰어놀도록 해 주세요.

찰흙 놀이 •••

아이들은 찰흙을 만지작거리면서 원하는 것을 만들어 보게 합니다. 부모님께서 만드는 방법을 가르치는 것보다는 아이가 스스로 원하는 것을 만들게 하는 것이 중요합니다.

말타기 •••

아빠 등에 아이를 태우고 '따각따각' 말발굽 소리와 '히이잉' 말 울음 소리를 들려주세요. 움직임이나 소리가 클수록 아이들은 한층 놀이를 즐거워합니다. 아이가 흔들리는 진동이 더 잘 느껴지도록 동작을 크게 하는 것을 잊지 마세요.

보물찾기 •••

부모님과 아이가 차례로 집안이나 마당에 무엇인가를 숨기고 찾는 놀이를 합니다. 이곳저곳을 돌아다니며 움직이다 보면 운동량이 많아집니다. 이 시기의 아이들은 활동량이 많으므로 많이 움직이고 뛰어다니게 하는 것이 좋습니다.

모래 놀이 •••

모래 놀이는 손동작을 많이 요하기 때문에 아이들의 두뇌 발달을 돕는 데 효과가 있습니다. 마른 모래는 잘 뭉쳐지지 않으므로 모래로 쌓기 놀이를 할 때는 미리 물통을 준비하여 적당히 젖은 모래로 쌓도록 합니다. 쌓기나 구덩이 파기와 같은 놀이도

놀이도 나이에 맞게~

즐거워합니다.

3세 이상이 되면 장난감을 가지고 혼자 놀려고 하기보다는 친구들과 같이 놀고 싶어 합니다. 이 무렵 여자아이들은 인형을 갖고 엄마처럼 돌보기도 하고 엄마를 흉내 내 인형 옷을 빠는 시늉을 합니다. 즉 장면을 구성하는 놀이, 상징놀이를 시작합니다.

이는 남자아이들도 마찬가지여서 의사가 되기도 하고, 작은 차를 타고 운전기사가 되어 보기도 합니다. 막대기로 '탕탕' 소리를 내면서 쏘기도 하고 그 막대기를 다시 지휘봉 혹은 지팡이로 사용하기도 합니다.

아이들은 상징놀이를 통해 주위 사람들의 역할과 행동을 이해하고 주변 환경을 인식합니다. 이들 놀이를 통해 현실 세계에 대한 이해를 높이게 됩니다.

소꿉놀이 •••

엄마의 역할이 무엇인지, 아빠의 역할이 무엇인지 소꿉놀이를 하면서 스스로 알게 됩니다. 더불어 사회성도 기르게 됩니다. 병원 놀이, 선생님 놀이 등도 할 수 있습니다.

손바닥에 글자 쓰기 •••

아이는 엄마가 무엇을 쓰는지 집중하게 되고 더불어 상상력과 추리력, 집중력을 기르게 됩니다. 글씨나 그림을 써 주는 동작을 리듬감 있게 반복하고 아이가 편안함을 느끼도록 가볍게 써 주는 것이 좋습니다. 아이 손에 이름을 한자씩 써주면서 한 자, 한 자 불러줍니다. 도형을 그려주고 도형을 맞히게 하는 것도 좋습니다.

신체 이름 알기 •••

스킨십을 많이 할 수 있는 놀이로 아이의 몸을 토닥여 주며 신체 기관의 이름을 알게 합니다. 신체 기관의 이름과 기능을 가르쳐주며, 아이도 따라하게 하세요. 이를 통해 아이가 자기의 몸에 관심을 갖고 몸을 소중하게 다룰 수 있도록 교육합니다.

퍼즐 맞추기 •••

퍼즐을 맞추기 위해 퍼즐의 모양을 자세히 관찰하도록 하여 사고력을 기를 수 있도록 하는 놀이입니다. 아이기 인내력을 가지고 혼자서 해냈다는 성취감을 느낄 수 있는 장점도 있습니다.

놀이도 나이에 맞게~

전보다 신체의 움직임이 더욱 안정되고 유연해지며 정교해집니다. 이 시기에는 좀 더 활동적이고 장난감도 정교한 것이 좋습니다.

또한 또래의 친구들과 노는 것을 매우 좋아하게 됩니다. 친구들과 놀 때 장난감을 가지고 노는 것이 아니라 같이 협력해서 뭔가를 만들어 내기도 합니다. 예를 들면 소꿉놀이를 할 때 각자 자신의 역할을 정하고 상황을 만들어 가며 놉니다.

블록쌓기 •••

손을 사용하는 능력이 거의 다 발달하여 블록을 가지고 자신이 원하는 물건을 만들 수 있습니다. 블록으로 무언가를 만드는 활동은 창의적인 활동입니다.

아이가 블록으로 만든 것을 엄마, 아빠에게 자랑할 때는 "이건 왜 이렇게 만들었니?"라고 관심 있게 물어봐 주거나 "아주 잘 만들었구나."라고 말해 주세요.

실뜨기 놀이 •••

손 조작이 많은 놀이를 하면 손가락의 운동력을 기르고 눈과 손의 협용력이 좋아집니다. 이 놀이는 아이가 어렵다고 느낄 수 있으므로 기초 동작을 충분히 반복해서 익혀준 후에 단계를 올려 실행하세요.

도미노 세우기 •••

도미노를 세우는 과정은 주의력과 집중력을 요하는 과정이므로 침착하게 실시하세요. CD 도미노를 세우려면 바닥에 수건을 깔고 세워 보세요. 맨바닥에서 보다 훨씬 쉽게 세울 수 있습니다. CD로 도미노를 세우고 아이가 손끝으로 '톡' 건드리면 와르르 무너지는 것을 몇 차례 반복하세요.

색깔 감각 익히기 •••

크기와 색깔을 비교하면서 시각을 자극하며 색감을 발달시킵니다. 기초 오감을 자극하는 것은 두뇌 발달에 효과적입니다. 시각을 자극할 수 있는 알록달록한 색을 많이 접하게 해주세요. 색상이 다양한 자동차는 금세 눈에 띕니다. "파란색 자동차가 몇 대 지나가나 세어볼까?"하며 세어보도록 합니다.

가위질, 풀칠 •••

만 5세 정도가 되면 아이는 종이가 잘 잘릴 수 있도록 힘 조절을 잘할 수 있습니다. 아이의 손에 맞는 크기의 가위를 사주세요. 가위를 다룰 줄 알게 되고 풀칠도 할 수 있게 되면 아이는 뭔가를 만들어 내는 것에 더욱 흥미를 느끼게 됩니다. 선물포장 상자나 약상자, 깨끗이 씻어 말린 우유팩 등을 준비해 놓으면 아

놀이도 나이에 맞게~

이가 더욱 멋진 작품을 만들어 낼 수 있을 것입니다.

역할극 하기 •••

실제와 꿈, 환상을 확실히 구분하지는 못하여 연극, 인형극 등에 나타나는 등장인물이나 상황을 실제라고 믿습니다. 그래서이 시기에 아이는 역할놀이를 즐깁니다. 역할 놀이는 아이의 사회화에 도움이 됩니다.

만 6세

신체의 세련된 움직임이나 기술을 요하는 활동을 즐기고 모래, 물, 블록, 종이 등으로 무엇을 꾸미는 데 오랜 시간을 소요합니다. 다른 유아와 상호 작용하는 기술이 발달하고 협동하기, 공유하기, 돕기, 협상하기 등의 사회적 기술을 배웁니다. 상상력이 풍부한 시기이므로 놀이를 통하여 상상력을 길러 주세요.

동물원, 식물원 구경가기 •••

아이는 동물과 식물에 큰 관심을 갖고 있습니다. 동물과 식물의 이름, 생김새, 움직임 등에 대한 기초적인 지식을 형성하기도합니다. 아이와 함께 동물원이나 식물원에 가서 여러 가지 동식물에 대해 알려 주세요. 집으로 돌아온 후에 동물도감이나 식물

도감을 보면서 다시 한번 설명해 주도록 합니다.

경쟁놀이 • • •

5세 이상이 되면 누가 더 높은 곳에서 뛰어내리나 경쟁을 하기 시작합니다. "이겼다.", "땄다." 등의 동사를 구사하면서 경쟁놀이를 시작합니다. 구슬이나 인형, 장난감, 혹은 팽이 등을 모으는 데 힘씁니다. 때로는 그 물건을 의인화해 놀이 상대로 삼습니다.

무언극 하기 • • •

몸으로 표현한 것을 보고 그것이 무엇인지 알아맞히는 놀이입니다. 엄마나 아빠가 먼저 몸으로 무엇인가를 표현하면 아이가 맞추고, 다음에는 반대로 아이가 표현한 것을 부모님께서 맞춥니다. 아이가 몸짓으로 무엇인가를 표현하려고 할 때는 먼저 무슨 행동을 표현할 것인지 머릿속에서 생각한 후에 표현하도록 합니다.

인형놀이 • • •

헌 양말의 끝 부분을 길게 잘라 그곳에 헝겊을 대고 꿰매어 입을 벌렸다 오므렸다 하는 양말 인형의 입을 만듭니다. 단추를 이용하여 눈을 만들거나 남은 천으로 코, 입, 귀를 만듭니다. 인형이 완성되면 그 속에 손을 넣고 움직여 인형 놀이를 합니다.

놀이도 나이에 맞게~

여러 친구와 어울려서 함께 할 수 있습니다. 아이들은 인형놀이를 하면서 나 아닌 다른 사람의 상황에 대하여 적절한 대화와 행동을 할 수 있게 됩니다.

끝말잇기 •••

아이들의 두뇌 회전 능력을 높이기 위해 권장할 만한 방법은 '끝말잇기' 입니다. 단어를 찾으며 어휘력이 늘어나며, 빨리 단어를 찾다 보면 그만큼 두뇌 회전도 빨라지게 됩니다.

장난감의 올바른 선택법

"완구점에 가면 아이에게 뭐가 더 좋을지 고민하게 돼요."

완구점에 진열된 다양한 종류의 장난감 중 어떤 것이 아이들에게 필요하고 도움이 되는지 알아보는 것은 쉬운 일이 아닙니다.

특히 시중에 나와 있는 장난감 중에는 총, 칼, 뱅크 등 위험하고, 쉽게 망가지는 등 아이들이 가지고 놀기에 부적합한 것들이 있습니다. 상업적으로 만들어진 로봇과 같은 장난감은 아이들이 금방 싫증을 내게 할 뿐만 아니라 창의력이나 상상력을 키우는 데 크게 도움이 되지 않습니다.

그러므로 부모님께서 장난감을 살 때에는 아래와 같은 사항을

염두에 두어 선택하는 것이 좋습니다.

• 첫째, 안전하고 견고한지 알아봐야 합니다.

우리나라는 아동용품으로 인한 사고가 전체 아동 안전사고의 36%나 됩니다. 가정 내 안전사고를 가장 많이 일으키는 장난감은 자전거이며, 다음으로 자동차, 블록, 총, 킥보드, 인라인스케이트 순입니다. 따라서 장난감을 고를 때에는 안전한지, 제품에 결함이 없는지 알아 봐야 합니다.

• 둘째, 다양한 방법으로 놀 수 있는 장난감을 선택해야 합니다.

장난감은 아이들의 창의력을 길러 주고 흥미를 오래 지속시킬 수 있는 블록이나 찰흙, 물감, 종이, 가위, 풀 등이 좋습니다.

독일의 발도르프학교에서는 완성된 놀잇감이나 장난감을 사용하지 않고, 천, 헝겊 인형, 나무, 돌 등과 같은 것을 이용하여 놀이합니다. 이미 완성된 제품은 아이들이 상상력을 발휘하거나 활용하는 데 제한을 주기 때문입니다.

• 셋째, 성취감을 느낄 수 있는 장난감이 좋습니다.

예를 들면 퍼즐이나 그림 맞추기, 끼워 맞추기 등은 성취감을 느낄 수 있을 뿐 아니라 스스로 무언가를 해낼 수 있다는 자신감과 끈기를 길러줍니다.

• 넷째, 언어 발달에 도움을 줄 수 있는 장난감을 선택하는 것이 좋습니다.

장난감 전화, 그림책, 인형놀이 등은 놀이하면서 이야기를 하

제6장 놀이로 키우자

거나 듣게 되어 언어적인 자극을 줄 수 있습니다.

장난감 꼼꼼히 살펴보세요

• 세발자전거

금속 세발자전거는 3~6세 이상의 아이들에게 알맞습니다. 볼트의 조임은 진동에 의해 쉽게 풀어지지 말아야 하고 외부에 드러난 볼트, 너트 등의 끝 부분이 심하게 돌출되어 있으면 안 됩니다. 양쪽 페달은 땅에서 4cm 이상 떨어져야 하고 좌석의 높이는 아이가 앉았을 때 양발이 땅에 닿을 수 있어야 합니다.

아이의 다리가 닿는 추진 체인 쪽에는 크랭크에서부터 기어 바퀴까지 보호대가 있어야 합니다. 각 부품이 헐겁거나 덜컥거려서는 안 됩니다.

되도록 밤에 자전거를 타지 않게 하되, 밤에는 자전거 앞뒤에 불을 켜고 눈에 띄는 색깔의 옷을 입히는 것이 안전합니다. 바퀴의 공기압도 종종 점김하고 제동장치가 양호한 지도 확인해야 합니다.

• 공

3세 미만의 아이는 무엇이든 입에 갖다 대거나 넣기 때문에 공 속에 액체 등이 채워져 있으면 내용물이 유해하지 않은지 확인해야 합니다. 액체나 물체가 든 플라스틱 공은 떨어질 때 깨어질 우려가 있

장난감의 올바른 선택법

으므로 이러한 장난감을 가지고 놀 때는 부모님께서 신경써서 살펴보아야 합니다.

• 소꿉놀이, 모형 음식

환경호르몬이 함유된 재질인지 확인하고 표면이 매끄럽게 처리된 것을 고르도록 합니다.

특히 비틀거나 잡아당겼을 때 작은 조각으로 나누어지면 적합하지 않으며, 깨질 위험이 있는 플라스틱 제품은 수시로 점검하고 자주 세척해 주어야 합니다.

• 인형

견과류 껍질로 속을 채운 인형은 알레르기 체질 아이에게 유해할 수 있으므로 내용물을 잘 확인해야 합니다. 봉제완구는 터지거나 코 빠진 곳이 없어야 하고 박음질이 잘 돼 있는 것을 고르는 것이 중요합니다. 누르면 소리 나는 인형은 청각에 손상을 줄 위험성이 있으므로 너무 큰 소리가 나지 않는 것이 좋습니다.

또한 3세 미만 아이들에게는 털이 긴 인형은 적합하지 않습니다. 또 배터리를 사용하는 인형은 알카라인 배터리와 카본 아연 배터리를 함께 쓰거나, 새 배터리와 헌 것을 함께 사용하면 과열되거나 파열될 수 있으므로 주의해야 합니다.

엄마와 함께하는 즐거운 바깥놀이

비눗방울 불기 •••

준비물 : 중성세제, 물, 빨대, 플라스틱 컵

컵에 물을 넣고 중성세제를 풀어 비누액을 만듭니다. 빨대의 끝을 비스듬히 자른 다음 빨대의 끝에 비누액을 묻힙니다. 비누액이 묻지 않은 쪽에 입을 대고 가볍게 바람을 불어넣으면 재미있는 비눗방울 놀이가 됩니다.

주의할 점은 아이가 비눗방울을 흡입하지 않도록 조심시켜야 합니다. 비눗방울이 금세 사라지지 않게 하고 큰 모양을 만들려면 비누 거품 용액에 설탕을 약간 넣어주면 됩니다.

주사위 놀이 •••

준비물 : 주사위 2개

2개의 주사위를 던져서 주사위 두 개의 합이 높은 사람이 이기는 놀이입니다. 두 개의 주사위를 던져서 두 개 모두 6이 나온다면 한 번 더 던질 수 있습니다. 아이는 이러한 놀이를 통하여 자연스럽게 수의 개념과 덧셈을 익히게 됩니다.

주사위 놀이를 할 때는 숫자가 클수록 유리하다는 것을 가르쳐 주며, 숫자 6이 나오면 한 번 더 던지는 규칙을 미리 가르쳐 주어야 합니다.

볼링 놀이 •••

준비물 : 플라스틱 용기 10개, 공

콜라, 사이다 등의 플라스틱 용기를 모아두었다가 1부터 10까지 숫자를 붙여 놓습니다. 날씨가 화창한 날, 아이와 함께 플라스틱 용기를 삼각형 모양으로 배열한 후 공을 굴려 누가 많이 쓰러뜨리는지 내기 시합을 합니다.

쌀보리 •••

1. 먼저 엄마가 술래를 합니다.

2. 엄마는 두 손을 모아 손을 벌립니다.

3. 아이는 주먹을 쥐고 '쌀' 또는 '보리'라고 외치면서 엄마의 손안에 주먹을 넣었다가 뺍니다. 이때 만약 '쌀'이라고 외치면 엄마는 재빨리 아이의 주먹을 잡아야 합니다. 그리고 '보리'라로 말하면 잡지 않아도 됩니다.

4. 아이가 '쌀'이라고 말했을 때 주먹이 잡히면 아이가 술래가 됩니다. 만약 주먹이 잡히지 않으면 엄마가 계속해서 술래가 됩니다.

땅 만들기 •••

1. 먼저 커다란 둥근 원을 그려 전체 땅의 영역을 설정합니다.

2. 흰색과 검은색의 바둑알을 각각 1개씩 준비하여 자신의 바둑알을 선택합니다.

3. 아이가 먼저 바둑알을 구슬을 통기듯이 통기게 합니다. 그리고 엄미기 바둑알을 통깁니다.

4. 그다음 아이가 조금 전에 놓인 바둑알의 위치에서 바둑알을 통깁니다. 다음 엄마가 바둑알을 통깁니다. 이렇게 하여 동그라미나 세모 모양을 만듦으로써 자기 땅을 하나씩 만들어 갑니다.

5. 땅이 더 넓은 사람이 이기게 됩니다.

엄마와 함께하는 즐거운 바깥놀이

풍선 배드민턴 놀이 •••

준비물: 풍선, 배드민턴 라켓

공중에 풍선을 높이 띄워놓고 풍선이 내려오면 그때 라켓으로 풍선을 쳐보는 놀이입니다. 풍선을 위로 올린 후 치는 것을 어려워하는 아이들에게는 바닥에 풍선을 떨어뜨리고 풍선이 다시 위로 올라올 때 라켓으로 쳐보게 하세요.

돌 끼고 뛰어보기 •••

준비물 : 돌 1개

다리 사이에 돌을 끼우고 토끼처럼 깡충깡충 뛰기를 해 보세요. 아이가 뛰는 것에 익숙해졌다면 게임을 해도 좋습니다.

달리기하듯 출발 지점과 목표 지점을 정해 놓고 아이와 시합을 해 보세요. 가다가 돌을 떨어뜨리면 출발점부터 다시 시작해야 한다거나, 돌을 손으로 잡으면 안 된다는 등의 규칙을 정한다면 더욱 재미있게 놀이할 수 있을 것입니다.

해돋이 보기 •••

일찍 일어난 아침에는 해돋이를 바라보세요. 해가 완전히 뜰 때까지 빛과 색깔이 달라짐을 관찰할 수 있습니다. 가까운 시골이나 바닷가 근처라면 해돋이가 더욱 아름다울 것입니다. 지는 해는 강렬한 인상을 줍니다. 해 주변의 하늘, 구름 등의 색깔이 어떻게 변하는지 주의깊게 살펴보세요.

별 관찰하기 •••

달이 없는 맑은 날을 택하여 별을 관찰합니다. 별을 관찰한 다음에는 별자리 찾기에 도전하세요. 미리 별자리에 대해 공부를 해 둔다면 별자리를 쉽게 관찰할 수 있어요. 별자리 찾기가 쉽지 않다면, 별 몇 개를 연결하여 어떤 모양인지를 이야기해 보세요.

시골에 갔어요 •••

길가의 풀을 만져보세요. 그리고 잎, 줄기, 뿌리의 모양이 어떻게 생겼는지 자세히 관찰해 보세요. "빌리리~빌리리~." 피리를 만들어 불어 보세요. 갈대, 아카시아잎 등이 불기에 좋아요.

나무랑 놀아요 •••

먼저, 나무를 만져보세요. 어떤 감촉이 느껴지나요? 나무의 냄새도 쉽게 맡을 수 있어요. 나무의 종류에 따라 냄새가 틀리답니다.

엄마와 함께하는 즐거운 바깥놀이

이제, 나무 그늘에서 잠깐 쉬어 보세요. 주변에 낙엽이 떨어져 있지는 않는지 살펴보세요. 여러 가지 나뭇잎의 모양과 크기, 촉감을 비교해 보세요. 그리고 스케치북이나 연습장에 서로 다른 나뭇잎 모양을 붙여서 식물 책을 만들어 보세요.

고기를 잡아요 •••

집에서 기르는 관상어와 시냇물이나 낚시터에서 자라는 물고기의 생김새가 어떻게 틀린지 잘 관찰해 보세요. 물고기의 몸 구조는 어떻게 이루어져 있는지, 어떻게 숨을 쉬는지도 알려 주세요.

눈 오는 날에

손가락으로 찍어서 표현하기 •••

눈이 내린 마당을 하얀 도화지라고 생각하며 아이가 마음껏 손가락으로 찍어 보게 하세요. 연필이나 나무젓가락을 이용해도 된답니다. 점을 연결하여 동그라미도 그려보고 새도 표현해 보도록 하세요.

내 몸 표현하기 •••

눈이 온 날에는 아이를 눈 위에 그대로 드러눕게 하세요. 그리고는 누웠다, 일어났다, 엎드리기를 반복하게 하세요. 내 키가 얼마나 큰지, 그리고 누가 얼마큼 큰지도 비교해 보고요. 드러눕는 자세도 달리해 보세요. 앞으로 누웠다가 뒤로 누웠다, 한쪽 발을 들고 누웠다 등 다양한 자세로 누워 보도록 하세요.

발자국 찍기 •••

하얀 눈이 내린 위로 발자국을 찍어 보세요. 엄마 발자국, 아이 발자국을 찍으세요. 걷는 모습에 따라 여러 가지 모양이 나타나지요? 촘촘히 걷기도 하고 엎드려서 네 발로도 걸어보도록 하세요.

물감 뿌리기 •••

포스터컬러를 물뿌리개에 담고 밖으로 가지고 나가세요. 그런 다음 아이가 물감을 눈 위에 마음껏 원하는 대로 뿌려보게 해보세요. 붓으로 직접 그려도 된답니다.

엄마와 함께하는 즐거운 바깥놀이

제**7**장

우리 아이 유치원에 가요

유아교육기관, 꼭 보내야 할까?

"유아교육기관에 꼭 보내야 하나요?"라고 물어오는 부모님이 계십니다.

부모님이 어렸을 때는 유아교육기관에 다니지 않고서도 잘 자랐는데 굳이 보낼 이유가 있냐는 것입니다. 유아교육기관에 보내야 한다, 보내는 것이 좋지 않다고 한마디로 단정지어 말하기는 어렵습니다.

다만 앞에서도 언급했듯이 유아기는 신체, 감성, 뇌, 기본생활습관과 경험 및 학습의 발달이 급격히 진행되는 때이며, 이러한 것들이 조심스럽게 누적되는 중요한 시기입니다.

유아교육학자들은 혼자서 성장한 아이보다 또래와 어울려서 지낸 아이가 신체적·정신적으로 건강하다고 합니다. 그만큼 유아기 아이들에게 있어서 또래집단은 매우 중요하며 이 시기에 얻은 경험은 성격·정서 발달에 많은 영향을 미치게 됩니다.

따라서 일정한 나이가 되면 유아교육기관을 보내어 또래 친구들과 생활하도록 하는 것이 바람직하다고 말합니다. 아이들은 유아교육기관에서 인생에 필요한 여러 가지 경험과 학습을 자연스럽게 터득하고, 친구들과 어울리면서 사회성을 기를 수 있기 때문입니다.

더욱이 요즘 아이들은 유아교육기관게 보내지 않으면 주변의 아이들과 어울릴 기회가 거의 없는 것도 또 하나의 이유가 됩니다.

지영이 부모님께서는 작년 봄부터 지영이를 유치원에 보내기로 결정을 내렸습니다. 또래 친구들과 어울려 지내다 보면 사회성이 길러질 거라는 믿음에서 말입니다.

하지만 생각처럼 쉬운 일은 아니었습니다. 처음에는 거의 매일 아침마다 유치원에 가기 싫어하는 지영이와 씨름을 해야 했으니까요.

그런데 신기하게도 몇 달이 지나자 조금씩 유치원에 흥미를 붙이기 시작하는 것이었습니다. 이제 지영이는 친구들과 어울리는 법을 스스로 터득하였고, 친구들도 많이 사귀게 되었습니다. 지금은 유치원 가방을 메고 잠들 정도로 너무나 좋아합니다.

유아교육기관, 꼭 보내야 할까?

이처럼 유아교육기관은 유아들의 원만한 발달을 도울 수 있는 환경이 준비된 곳이며, 적절한 집단생활을 체험할 수 있는 곳인 동시에 가정과 자연스럽게 연결해 주는 역할을 합니다.

물론 자녀 교육의 일차적 책임은 부모님에게 있지만 현대와 같이 빠르게 변화하고, 다양화되는 사회에서는 부모님만의 역할로는 어려운 것이 사실입니다. 미국의 대안교육인 홈스쿨링처럼 교육기관에 보내지 않고서도 가정에서 자녀를 가르치는 것이 가능하다면 모르겠지만, 안타깝게도 가정에서 지도할 수 있는 것은 한계가 있습니다.

또래 아이들과의 단체생활 속에서 배우는 규칙, 약속, 기초적인 습관이나 태도를 엄마와 단둘이 하기란 불가능하기 때문입니다.

유아교육기관은 기본 생활 습관 및 협동적인 생활 태도를 배우고, 인성의 바람직한 기초를 형성하며, 동시에 '더불어 사는 사회'의 구성원을 길러내는 곳입니다.

오늘날 유아교육기관은 단순히 아이를 보육시키는 것에 그치지 않고 유아기 아이들의 건강, 영양, 신체적인 보호뿐만 아니라 전인적 성장·발달을 돕는 교육적 경험과 환경을 제공합니다.

현명한 부모는 유아교육기관 선택도 남다르다

유아기는 주변의 자극에 민감하고 호기심이 왕성한 시기입니다. 따라서 어떤 환경에서 생활하며 어떤 경험을 하는가가 매우 중요합니다. 자녀의 유아교육기관 선택이 중요한 것도 이러한 이유에서입니다.

유아교육기관에 입학하여 아이가 처음 만나는 선생님, 교육환경, 또래 친구들, 교육 프로그램 등은 성장발달은 물론 앞으로의 생활에 많은 영향을 미치게 되므로 신중하게 선택해야 합니다.

사랑하는 우리 아이가 다닐 유아교육기관을 후회 없이 선택하기 위해서는 어떻게 해야 할까요?

유아교육기관을 선택할 때는

• 첫째, 원장선생님과 교사를 살펴보아야 합니다.

자고로 교사의 질이 곧 교육의 질이라고 하였습니다. 교사의 자질 중에 으뜸이 되는 것은 누가 뭐라 해도 아이를 깊이 사랑하는 마음일 것입니다. 개성을 존중해주고, 동등하게 대하며, 아이들에 대한 이해와 세심한 것까지 신경 써줄 줄 아는 따뜻한 성품을 지닌 교사여야 할 것입니다.

또한 원장이 유아교육 전공자인지의 여부, 교사들이 정교사인지, 경력교사와 초임교사가 골고루 섞여 있는지, 보조교사가 있는지와 보조교사의 교육이나 경험 정도는 어떤지를 파악해 볼 필요가 있습니다.

• 둘째, 한 학급당 몇 명의 아이들이 수업에 참여하는지도 봐야 합니다.

보통 만 3세는 교사와 학생 비율이 1:10 정도가 적당합니다. 만 3세의 경우 유아교육기관에 적응하기 위해 시간이 걸리며, 스스로 해결할 수 있는 능력이 부족하므로, 보조교사가 더 많이 필요합니다.

• 셋째, 유아교육기관의 교육철학을 꼼꼼히 살펴보십시오.

원장의 교육관에 따라 유치원의 활동이나 분위기가 많이 달라지기 때문입니다. 처음엔 별생각 없이 시설이 좋아서 보냈다가 교육철학이나 방침이 마음에 들지 않아 그만두는 경우가 더러

제7장 우리 아이 유치원에 가요

있으므로 잘 살펴보십시오.

• 넷째, 어떤 프로그램과 내용을 가지고 교육하는지 알아봅니다.

유아교육기관에서 시행하는 연간, 한 달 교육 프로그램을 꼼꼼히 살펴본 후 우리 아이가 어떤 놀이를 하고 어떤 것을 배우는지를 체크합니다. 교육을 목적으로 유아교육기관을 보내는 것이라면 유치원이 좋으며, 보육을 목적으로 보내는 것이라면 어린이집이나 놀이방 등이 적당합니다.

• 다섯째, 아이들이 지내는 곳이므로 시설이 안전한가를 살펴봐야 합니다.

교실의 턱이 너무 높지는 않은지, 놀이기구가 안전한지, 화장실 변기나 개수대 등이 아이의 키에 맞게 설치되어 있는지, 위험한 곳은 없는지 등등 이곳 저곳을 둘러보며 꼼꼼히 살펴봐야 합니다.

유아교육기관을 선택할 때에는 방문하여 직접 알아보시고 주변 엄마들의 평가도 참조하는 것이 바람직합니다. 집에서 유아교육기관까지 시간이 얼마나 걸리는지 알아보고, 원장 선생님을 만나 상담도 해 봅니다.

이 외에도 우리 아이의 특성과 적성에 얼마나 맞는지 알아봐야 합니다. 아이마다 성격과 기질이 다르듯이 유아교육기관도 저마다 특징이 다르기 때문입니다.

그리고 아이의 의사를 물어보는 것도 중요합니다. 유아교육기관에 다니게 될 당사자는 바로 아이이므로 아이의 의사는 존중

현명한 부모는 유아교육기관 선택도 남다르다

되어야 합니다.

유아교육기관을 선택한 후에는 아이가 이해할 수 있도록 유아
교육기관에 대하여 설명해 주는 것이 좋습니다. 또 앞으로 유아
교육기관의 생활에 대하여 이야기해 주는 것이 좋습니다.

유아교육기관에 자녀를 보내는 부모님이 알아야 할 것들

강병동(모형유치원 원장)

1. 무엇을 가르치는 것보다 어떻게 가르치느냐가 더 중요합니다

그림을 잘 그리도록 강요받은 아이들이 후일, 성인이 되어 훌륭한
화가가 될 수 있을까요? 대다수의 사람은 그림 그리는 것을 취미로
도 가지지 못할 것입니다. 그림을 어떻게 그리게 하느냐에 따라 화
가가 될 수도, 취미로 간직할 수 있습니다. 그만큼 우리 아이들은 배
우는 과정에 따라 미래가 달라집니다. 무조건 하라고 강요하기보다
어떻게 하는 것이 아이들에게 좋은지 한번쯤 생각해 보세요.

2. 이 세상에는 만능이란 없습니다

흔히 유아교육기관에 보내면 팔짱만 끼고 있어도 무엇이든 다 되
는 줄 아는 부모님이 있습니다. 그러나 유명한 병원이라고 모든 환
자의 질환을 고치는 것은 아닙니다. 아무리 좋은 교사가 가르친다고

제7장 우리 아이 유치원에 가요

해도 부모님께서 방관하고 무관심하다면 결코 좋은 결과를 기대하기
란 어렵습니다.

3. 순간의 선택이 일 년을 갑니다

집을 구하기 위해 최소한 세 곳 이상을 다녀봅니다. 그보다 훨씬
더 많을 수도 있습니다. 옷 하나를 사기 위해서도 몇 군데 돌아다니
며, 오랜 흥정 끝에 구입합니다. 우리 사랑스러운 아이들을 보낼 유
아교육기관은 더욱 꼼꼼히 따져보아야 합니다.

4. 유아교육기관이 좋은 이유에 대해 생각해 보세요

이웃 엄마들이 어떤 유아기관이 좋다고 한다면 이유를 들어 보세
요. 그리고 그 좋은 점이 아이를 위한 것인지 부모님을 위한 것인지
살펴보세요.

5. 꼼꼼히 따져 보세요. 하지만 결정한 후에는 100%로 믿음을 가지세요

많은 부모님들이 유아교육기관을 쉽게 결정하셨다가 일 년간 불평
불만만 늘어놓는 경우가 있습니다. 그렇게 되면 부모님은 물론, 아이
와 교사 모두 힘든 일 년을 보내야 합니다.

6. 혹시, 무늬만 유치원 아니에요?

좋은 유치원이란 화려한 인테리어가 말해 주는 것이 아닙니다. 교
사, 교재, 교구, 공간, 교육방법 등 모두를 뜻하는 것입니다.

현명한 부모는 유아교육기관 선택도 남다르다

유아교육기관에서는 이런 것을 배운다

"은지야, 오늘은 원에서 뭐하고 놀았니?"

"아름 반하고 우리 소라 반이랑 꼬리잡기했는데 재밌었어."

"그리고 또 뭐 배웠는데?"

"음…선생님이 동화책 읽어 줬어."

"그래? 무슨 동화였는데?"

이제 갓 자녀를 유아교육기관에 보내는 부모님은 유아교육기관에서 온종일 무엇을 하는지 궁금해 합니다.

유아교육기관에서는 언어, 사회, 음악, 과학 등 과목별 시간으로 구분된 것이 아니라 실내·실외 자유선택 활동시간, 정리·정돈 시간, 집단활동 시간 등 활동 시간대의 형태로 구분되어 있습니다. 이렇게 시간대별로 통합적인 활동을 경험하고 연결하는 가운데 신체발달, 인지발달, 언어발달, 사회성발달, 정서발달 등 전인적인 발달이 이루어집니다.

특히 유아교육기관에서는 아이들의 경험, 흥미, 요구 등에 맞추어 교육내용을 통합하여 재구성하여 가르칩니다.

등원 • • •

아이들이 유아교육기관에 도착하면 담임선생님과 개별적으로 인사를 나눕니다. 아침 인사를 나누면서 아이의 건강상태를 관찰하고, 정리·정돈을 시킵니다. 일찍 원에 도착한 아이들은 다른 아이들이 도착하여 다음 일과가 시작될 때까지 자유놀이를 합니다.

학기 초에는 아이들이 부모님과 떨어지는 것을 싫어하기 때문에 부모님께서 잠깐 원에 머물러 아이를 안심시켜주는 곳도 있습니다.

자유선택활동 • • •

아이들이 원하는 활동을 마음껏 즐길 수 있는 시간입니다. 스스로 장난감을 찾고, 놀이를 진행하거나, 교사와의 상호작용, 또래와 접촉을 하기도 합니다. 언어, 수, 과학, 음악, 미술, 블록 쌓기 등 교사와 함께 또는 아이들끼리 소집단을 이루기도 하고 자유롭게 혼자서도 활동합니다.

유아교육기관에서는 이런 것을 배운다

교사는 아이 혼자서 놀이하는 것을 인정해 주며, 아이들이 교사나 또래와의 상호작용의 기회를 자주 경험할 수 있도록 배려합니다. 이 시간을 통해 아이들의 신체발달, 감성발달, 기본 생활 습관 형성, 친구 사귀기, 학습태도 등이 이루어지게 됩니다.

집단활동 •••

하루 활동계획을 설명해 주고 그날의 새로운 활동이나 작업, 또는 교구에 대하여 이야기를 나눕니다. 여럿이 모여서 자유선택활동 및 정리·정돈 시간에 대한 평가나 이야기도 나눕니다.

동화·동시 듣기, 역할극 하기 등의 문학 활동과 율동, 노래, 악기 다루기, 음악감상 등의 음악활동, 요리, 그룹놀이, 과학 실험 등의 활동을 전체적으로 모여서 하는 시간입니다.

활동 후에는 무엇이 재미있었으며, 어땠는지 평가하는 시간을 갖습니다.

정리정돈 •••

활동이 끝나면 다른 활동 계획을 세우기 전에 유아는 자유선택 활동 시간에 사용한 놀이기구를 제자리에 정리·정돈하여 두고, 완성되지 않은 프로젝트는 자신의 사물함이나 보관 장소에 갖다 둡니다. 정리·정돈은 아이들에게 기본 생활 습관을 길러 주는 기회를 제공합니다.

교사는 아이들이 정리하기 쉽도록 교구가 놓일 자리에 표시해

제7장 우리 아이 유치원에 가요

두거나 놀잇감 상자에 그 모양을 그려 놓습니다. 교사가 실·내외 자유선택 활동이나 작업시간이 끝나기 5분 전에는 신호를 주어서 아이들이 놀이나 활동을 마무리하고 정리·정돈을 위해 준비할 수 있도록 돕습니다. 아이들은 자신이 가지고 논 것을 먼저 정리하고 다른 아이들의 정리도 도울 수 있도록 돕습니다.

간식 시간 및 휴식 ···

일반적으로 반일반 아이들은 오전에 한 번, 종일반 아이들은 하루 두 번 정도 간식을 먹을 수 있게 합니다. 오전 간식은 우유나 제철 과일을 주로 주며, 오후 간식에는 공복을 채울 수 있는 간단한 음식을 줍니다.

간식 시간은 아침식사와 점심식사 사이를 고려하여 음식을 제공합니다.

간식 전후에는 감사한 마음을 갖고 인사하는 바른 식사습관 형성, 나누어 먹기, 숫자 개념 형성 및 사회성 기르기 등이 이루어집니다.

점심시간 ···

성장기 아이들에게 영양의 공급은 신체·정서·인지적인 측면에서 대단히 중요한 요소로서, 충분한 영양섭취가 되도록 배려합니다. 점심은 개별 식사량을 파악하여 그 양만큼 담아 주어 남기지 않고 먹게 합니다.

유아교육기관에서는 이런 것을 배운다

아이들은 식탁에 앉아서 자기 몫의 음식을 적당히 먹게 합니다. 이 시간에는 아이들이 올바른 식사습관을 가질 수 있도록 교육하며, 식사 후에는 스스로 뒷정리를 깨끗이 하도록 합니다. 식사 후에는 얼굴과 이를 닦게 배려합니다.

낮잠 및 휴식시간 •••

점심이나 놀이를 마친 뒤 낮잠을 잘 수 있도록 합니다. 아이들이 숙면을 취할 수 있도록 조용하고 편안한 분위기를 조성하여 잠들게 합니다.

오랫동안 잠들지 못하는 아이들은 조용한 활동을 하게 하거나 책을 읽어 줍니다.

산책 및 실외 놀이 •••

아이들이 신선한 공기와 접할 수 있도록 산책을 하거나 실외 놀이시설에 놀게 합니다.

동·식물 기르기, 모래 놀이, 물놀이, 잔디, 그늘 등으로 구분된 바깥 공간에서 교사가 계획하여 준비한 놀이를 하는 시간입니다. 실내 활동과 연결지어 다양한 학습이 실외 놀이에서 이루어집니다.

귀가 •••

일과를 마무리하는 시간입니다. 하루 동안 지낸 일들을 평가해 보고, 연락 사항을 알리며, 아이들이 손을 씻고 스스로 자기 물건과 주변을 정리정돈합니다.

귀가는 운행 버스를 타거나 부모님께서 원을 방문하여 자녀를 데리고 가기도 합니다. 아이들에게 특별한 변화가 있거나 건강 상태에 대해 부모에게 알릴 필요가 있을 때는 귀가 시 선생님이 부모님께 이야기합니다.

유아교육기관에서는 이런 것을 배운다

입학준비, 이렇게 하세요

처음 원 생활을 시작하는 아이들과 부모님은 새로운 학기에 대한 준비가 필요합니다. 다음은 입학하기 전, 미리 알아두어야 할 기본적인 사항들입니다.

어머니가 준비해야 할 것들

원아모집기간을 체크하세요 • • •

어린이집과 놀이방은 수시로 원아를 모집하지만, 대부분 유아교육기관은 12월에서 2월 중에 입학생을 모집합니다. 유치원은 12월 초 무렵, 약 일주일 동안 입학생을 모집합니다.

원아모집 방법을 확인하세요 •••

모집 방법은 선착순 또는 추첨제를 시행합니다. 부모님께서 원하는 유아교육기관이 어떠한 방법으로 원아를 모집하는지, 언제 원아를 모집하는지, 몇 세부터 입학이 가능한지를 꼼꼼히 챙기셔야 나중에 낭패를 보지 않습니다. 선착순으로 모집하는 원의 경우에는 특히 유의하셔야 합니다.

입학에 필요한 서류를 체크하세요 •••

입학에 필요한 서류는 유아교육기관마다 조금씩 다릅니다. 입학원서, 사진, 주민등록등본 등이 대표적으로 갖추어야 할 서류들입니다.

입학금과 수업료 납부방법을 알아두세요 •••

원마다 입학금과 수업료, 진형료가 조금씩 치이가 나며, 납부방법도 다릅니다. 그리고 교재비, 행사비, 기타 활동비 등 부대비용도 있으므로, 부대비용이 얼마나 소요되는지도 꼼꼼히 체크하셔야 합니다.

입학준비, 이렇게 하세요

유아교육기관에 대해 알려주세요 •••

자녀에게 원이 어떤 곳인지를 알려주시고 왜 원에 다녀야 하는지를 설명해 주세요. "너 그렇게 말썽 피우면 선생님께 혼난다."라는 식으로 선생님은 무섭고 엄한 분이라는 선입견을 심어 주는 것은 좋지 않습니다. 원이나 선생님에 대한 긍정적인 생각을 심어 주세요.

규칙적인 습관을 길러주세요 •••

일찍 자고 일찍 일어나는 규칙적인 습관을 길러 주세요. 그리고 배변훈련, 식사습관, 차례지키기 등 규칙적인 생활을 할 수 있도록 배려해 주세요.

원에서 보내는 유인물을 체크해 주세요 •••

원에서 가정으로 보내는 행사계획, 가정통신문, 출석카드 등을 항상 점검하셔서 자녀의 원만한 원 생활을 위하여 협조해 주세요.

미리 원의 위치를 알려주세요 •••

등원길에 생길 수 있는 만약의 경우에 대비하기 위해 교통신호 보는 법과 신호등 없는 길에서 건너기 등에 대해 설명해 주세요. 그리고 모르는 사람이나 위험한 곳에 가지 말라고 단단히

일러 주세요.

또래들과 함께하는 경험을 늘려주세요 •••

이제부터는 엄마와 자녀가 조금씩 떨어져서 생활하는 습관을 길러야 합니다. 그리고 이웃집 친구들과 자주 놀게 하셔서 자연스럽게 또래와 조화를 이룰 수 있도록 도와 주세요.

 # 원에 적응하지 못하는 이유와 대처 요령

처음으로 엄마 아빠 품을 떠나 원에 입학한 아이들. 새로운 친구들과 어울려 마냥 즐거워하는 아이도 있지만, 낯선 환경에 대한 두려움으로 원에 안 가겠다고 떼를 쓰거나 여러 가지 문제 행동을 보이는 아이들도 적지 않습니다.

원에 제대로 적응하지 못하는 우리 아이. 어떻게 하면 즐겁게 원 생활을 할 수 있을까요?

우선 아이가 왜 유치원에 가기 싫어하는지를 먼저 파악해야 합니다.

그냥 집에서 엄마와 함께 있고 싶어서인지, 유치원에 어떤 문제점이 있어서인지(친구와의 관계, 선생님과의 관계 등)를 잘 파악하여 그 문제점을 해결하는 것이 우선순위입니다. 그냥 엄마와 함께 있고 싶어한다면 설득시켜 보내도록 하여야 합니다.

대부분 아이가 원을 다니기 싫어하는 경우는 엄마와 이별하는 것을 받아들일 준비가 되지 않았거나, 수줍음 등을 많이 타기 때문에 다른 아이들과 어울리지 못할 때, 그리고 원에서 배우는 학습에 흥미를 느끼지 못할 때 등입니다.

아이가 엄마와 이별의 준비가 되지 않았을 때는 아이를 무작정 원에 보내려고 하지 말고 원에 가는 것이 엄마와 행하는 특별한 약속이라는 것을 알려주세요. 그리고 아이가 원에서 돌아왔을 때는 직접 아이를 맞아주는 배려도 필요합니다. 그러면 아이는 엄마와 헤어지는 것이 아니라 엄마와의 약속을 지키는 일이라고 생각하고 원에 갈 것입니다.

엄마와 떨어져 원에서 잘 지낸 점을 칭찬해주고 자랑스러워 해주는 것 또한 잊으면 안 됩니다. 이러한 과정이 반복되면서 차츰 자연스럽게 아이가 원에 갈 수 있는 습관이 들여지는 것입니다.

무엇보다도 처음 원에 가는 자녀는 새로운 세계의 경험을 앞두고 매우 긴장하고 불안해할 것입니다. 이때 부모님의 칭찬과 격려, 그리고 자녀가 원에 다니는 것을 자랑스러워하는 말 한마디가 아이들에게는 어떤 것보다 힘이 된다는 것을 잊지 마세요.

엄마와 떨어지지 않으려고 하는 아이는 단계적 적응기를 두고 공동생활에 어울려 갈 수 있게 도와주어야 합니다.

원에 적응하지 못하는 이유와 대처 요령

엄마와 떨어지지 않으려는 정도가 심하다면 선생님에게 양해를 구하고 교실 한쪽에서 지켜보며 아이에게 안정감을 심어주도록 합니다. 심하지 않으면 엄마는 유치원이 끝나면 오겠다는 약속을 하고 아이를 들여보내는 것도 좋습니다. 대신 아이와의 약속은 철저히 지켜야 합니다.

유치원을 마쳤을 때 엄마가 오지 않으면 아이는 엄마의 말을 신뢰하지 않을 것은 물론이고, 유치원을 엄마와의 사이를 갈라놓는 곳으로 생각하게 될 것입니다.

친척 집이나 친구 집에 보내 떨어지는 경험을 자주 만들어주는 것도 한 방법입니다. 무엇보다 아이에게 혼자 지낼 수 있다는 자신감을 심어주는 게 중요합니다.

그리고 선생님과 돈독한 관계를 형성해 나가도록 도와주어야 합니다. 아이가 유치원에 관계된 일을 질문했을 때 "선생님께 여쭤보는 것이 좋겠다."는 식의 말을 하도록 하세요. 지금까지 엄마에게 전적으로 의존했던 관계를 선생님에게 돌리는 데 도움이 될 것입니다.

제7장 우리 아이 유치원에 가요

체계적인 학습 시스템을 갖춘 유치원

유치원은 만 3세부터 초등학교 취학 전 유아의 교육을 위하여 세워진 곳으로 주요 연령은 만 3~5세이며, 교육과학기술부 및 교육지원청의 장학지도를 받고 있습니다.

유지원은 실립 유형에 따라 국·공립 유치원과 사립유치원으로 나누어집니다. 국·공립유치원은 국·공립 기관에서 운영하는 것으로 초등학교 병설유치원과 독립유치원이 있으며, 사립유치원은 법인 또는 개인, 종교단체 등에서 설립·운영됩니다.

유치원의 가장 큰 특징은 보육이나 탁아의 기능보다는 교육활동에 좀 더 주력한다는 것입니다. 초등학교 이상의 교육기관에서는 목표를 성취하지 못한다면 뒤떨어지는 것 같은 느낌이 들지 모르지만, 유치원은 배우는 과정 자체에 초점을 두므로 아이가 과정에 참여했다는 것만으로도 충분히 성취감을 가질 수 있게 됩니다.

유치원의 교육과정은 한 가지 능력만을 가르치는 것이 아니라 통합적인 지도로 전인교육을 하는 데 그 의미를 둡니다. 따라서 유치원은 유아에게 알맞은 시설을 갖추고 제공하는 장점이 있습니다.

또한 비슷한 활동을 하더라도 집단의 구성이 다르고 필요한 준비 자료 등이 달라서 새로운 교육이 가능합니다. 이것은 유치원에서 추구하는 교육과정은 같지만, 상황에 따라 자율성과 다양성이 보장되기 때문입니다.

하지만 어린이집보다 교육활동 시간이 적고 국가나 시·도의 지원이 적어 교육비가 상대적으로 비싼 것이 단점입니다.

보통 1년을 기본 교육기간으로 하며, 아침 9시부터 12시까지 교육활동을 하는 반일제와 교육시간 5시간인 연장제, 하루 종일 운영하는 종일제 프로그램 등으로 나누어집니다.

병설 유치원(공립유치원) • • •

병설유치원은 초등학교 안에 있는 유치원으로 국가나 지방자치단체의 보조를 받아 운영하는 공립유치원입니다. 그래서 다른 유치원에 비해 교육비가 적게 드는 장점이 있습니다.

모집 인원이 적어서 입학이 힘들지만 시설은 초등학교와 비슷하여 초등학교와의 프로그램 연계가 잘 이루어집니다. 따라서 유치원 졸업 후 초등학교에서 더욱 잘 적응할 수 있는 장점이 있습니다.

또한 병설유치원은 비교적 교사의 재량이 많아서 다양한 교육활동을 할 수 있습니다. 교육 위주로 이루어지므로 일반 유치원보다 여러 가지 행사가 적습니다.

유치원 운영관리를 위한 재정은 학부모가 일부만 부담하고 교사 인건비를 비롯한 운영자금은 국고에서 지원됩니다. 견학이나 생일파티 등의 행사가 있을 때에는 가정에서 따로 준비하거나 비용을 지급하는 경우가 있습니다.

수업시간은 오전 9시~12시이며, 교육비는 분기당 9만 원~12만 원 정도, 입학금은 5천 원~1만 원 정도입니다.

최근에는 맞벌이 가정의 증가로 에듀케어(종일제)반이 신설되어 운영 중입니다.

체계적인 학습 시스템을 갖춘 유치원

대학 부속 유치원 •••

대학 부속 유치원은 유아교육학이나 아동학과가 설치된 대학교 내에 있는 유치원입니다. 대학마다 추구하는 유아교육의 방향에 따라 특별한 프로그램을 개발, 적용하므로 부모님에게 인기가 높습니다.

그러나 경쟁률이 치열하여 추첨제로 입학을 결정하므로 입학이 쉽지 않으며, 일반적으로 등원 거리가 먼 것과 학비가 일반 유치원보다 조금 비싸다는 단점이 있습니다.

수업시간은 반일반은 오전 9시~오후 1시 30분, 종일반은 오전 9시~오후 5시입니다. 교육비는 매달 30만 원~40만 원 정도, 입학금은 8만 원~20만 원 정도입니다.

사립 유치원 •••

대부분의 사립 유치원이 여기에 속합니다. 개인이 운영하는 유치원과 각종 문화복지재단에서 지원하는 법인 유치원이 있는데, 일반 유치원은 수가 많으므로 집에서 가까운 곳을 선택할 수 있습니다.

대부분의 유치원이 반일제로 운영되었으나, 맞벌이 부부가 증가함에 따라 종일제 프로그램이 형성된 곳도 있습니다. 뿐만 아니라 교육지원청에서도 종일제 수업을 권장하고 있습니다. 주로 만 3세부터 입학이 가능할 수 있기 때문에 영아일 경우에는 해당하지 않습니다.

제7장 우리 아이 유치원에 가요

수업시간은 오전반은 오전 9시~오후 12시, 연장제는 오전 9시~오후 2시, 종일반은 오전 7시~오후 7시입니다. 최근에는 대부분 연장제나 종일반으로 수업합니다.

교육비는 반일반은 월 20만 원~30만 원, 종일반은 30만 원~40만 원 정도이며, 입학금 10만 원~16만 원 선으로, 유치원마다 조금씩 다릅니다.

유치원 프로그램

유치원에서 보내는 시간에 따라 반일반 프로그램과 종일반 프로그램으로 나뉩니다. 일반적으로 오전 9시에 하루를 시작하는 유치원이 많으므로 오전 9시를 기준으로 하여 보면 다음과 같습니다.

▷ **반일반**(반일제) : 오전 9시~오전 12시

▷ **연장제**(반일반에서 연장) : 오전 9시~오후 3시

▷ **종일제** : 오전 9시~오후 5시

체계적인 학습 시스템을 갖춘 유치원

〈반일반 프로그램 (예)〉

09 : 00	등원
09 : 00 ~ 09 : 50	실내 자유 선택 활동
09 : 50 ~ 10 : 10	정리 및 간식
10 : 10 ~ 10 : 30	대집단 활동(이야기나누기)
10 : 30 ~ 11 : 00	대·소 집단 활동
11 : 00 ~ 12 : 00	실외 자유 선택 활동
12 : 00	귀가지도

# 종일 보육의 매력, 어린이집

보육시설이란 보호자가 직접 보호하기 어려운 아동을 직접 보호하고 교육하기 위하여 설치한 사회복지 시설로, 21명 이상을 보육하는 시설은 어린이집이라고 하고 5명 이상 20명 이하를 보육하는 시설은 놀이방이라고 합니다.

보육시설의 입소 대상은 국민기초생활보장법에 의한 수급권자의 아동, 장애아동, 보육료 감면 대상자, 편부모 가정, 보훈가정, 결손가정의 자녀 등 가정환경이 어려운 아동, 해당 지역 가구당 월평균 소득 이하의 취업모의 자녀, 맞벌이 부부의 자녀, 기타 일반 주민의 자녀 순으로 순위가 결정됩니다. 보육시설에 비치

된 신청서를 작성하여 제출하고 입소할 수 있으며 대부분의 시설이 연령별로 반 편성을 하고 반별 정원이 있기 때문에 정원에 따라 입소대상 아동을 결정합니다.

교육시간은 주로 부모들이 일하는 시간 동안에 영아부터 유아까지를 보호·지도합니다. 아침 7시 30분에서 저녁 6시~7시 30분 정도까지 운영하기도 하며 경우에 따라서는 24시간 내내 운영하기도 합니다.

유치원이 교육을 주로 하는 교육기관이라면 어린이집은 보육을 주로 하는 기관으로, 보건복지부에서 관할하고 있습니다.

우리나라의 보육시설은 설립 주체와 운영 주체에 따라 구립어린이집, 사립어린이집, 기업어린이집, 가정어린이집, 영아전담어린이집, 놀이방으로 분류되고 있습니다.

우리가 흔히 어린이집이라고 알고 있는 보육시설은 0세부터 만 5세 유아들이 많이 다니고 있습니다. 최근에는 어린이집도 유치원과 비슷한 수준의 교육을 시행하고 있습니다.

객관적이고 전문적인 기준으로 국가가 인증해 주는 평가인증을 통해 기관의 시설 및 프로그램에 대한 전문가들의 점검을 받고 유아들에게 적절한 교육이 이루어지도록 하고 있습니다.

어린이집은 유치원보다 운영 시간이 길어서 보육과 교육적인 측면을 고루 살펴야 합니다. 또 교사가 하루 종일 아이와 함께 있어야 하므로 활기가 넘치고 따뜻한 분위기에서 지낼 수 있는 곳인지 확인하는 것이 필요합니다.

제7장 우리 아이 유치원에 가요

국공립 어린이집 ···

국공립 어린이집은 시설이 양호하고 국가의 지원으로 비용도 저렴하며 교사의 인적자원이 풍부해 대부분의 엄마가 선호하는 곳입니다. 또한 특수교사를 채용하여 장애아들이 일반 유아들과 생활하는 장애통합활동을 하고 있습니다.

국공립 어린이집은 다른 기관과는 달리 일반 가정의 아이들이 입학하기에 어려운 편입니다. 왜냐하면 보건복지부에서 규정하는 입학 자격과 보육료 감면 혜택이 있어 맞벌이 부부와 생활보장 대상자에게 먼저 보낼 수 있는 혜택을 주기 때문입니다. 저소득층이나 출생 순위에 따른 지원을 통해 영유아들의 교육기회가 확대되고 있습니다.

보육비용은 만 2세 미만은 30만 원, 만 2세는 20만 원, 만 3세 이상은 10만 원 정도입니다.

민간 어린이집 ···

민간 어린이집은 12시간 기준의 일반 어린이집과 24시간 어린이집, 시간제 어린이집으로 나눕니다.

24시간 어린이집은 특별히 야간에 일하거나 오랫동안 집을 비우며 일해야 하는 부모들이 이용하기에 적당하고, 교육도 유치원과 비슷한 수준에서 이뤄지고 있습니다. 또한 24시간 어린이

종일 보육의 매력, 어린이집

집은 운영이 유동적이어서 한 달 기준, 1일 기준, 1시간 기준으로 맡길 수 있는 등 보육 시간이 자유로워 편리합니다.

보육비용은 만 2세 미만은 40만 원, 만 2세는 30만 원, 만 3세 이상은 20만 원 정도입니다.

직장보육시설 •••

직장보육시설은 사업주가 사업장의 근로자를 위하여 설치·운영하는 시설을 말합니다. 우리나라의 경우, 사업주가 직장보육시설을 설치하고자 하는 경우는 상시 여성 근로자가 300인 이상 고용하는 사업장이어야 합니다.

보육비용은 도별로 차이가 나는데, 대략 10만 원부터 20만 원까지 정도입니다.

가정어린이집 •••

가정집을 영유아들에게 적합하게 리모델링하여 일반 어린이집 프로그램에 가정의 편안함을 더해 영유아들을 보육하는 기관으로 주로 0세~4세의 영아들을 대상으로 운영되고 있습니다.

영아를 대상으로 운영하는 어린이집이기 때문에 위생적인 시설과 안전성, 이유식과 간식의 영양적인 면의 고려, 그리고 교사들의 사랑과 관심이 많이 요구됩니다.

교육내용은 학습 활동보다 오감발달, 신체활동, 동화 듣기, 노래 율동 등이며 주로 종일제로 운영되며 영유아들이 편안하게

제7장 우리 아이 유치원에 가요

쉴 수 있는 공간을 마련해 놓습니다. 교육활동은 영유아의 개인 차에 따라, 상황에 따라 융통성 있게 운영됩니다.

교육비는 30만 원~40만 원 정도이며, 인원은 대부분 20명 이내입니다.

〈어린이집 종일반 프로그램 (예)〉

07:30 ~ 10:00 등원

10:00 ~ 10:30 정리 및 간식

10:30 ~ 11:00 이야기나누기

11:00 ~ 11:50 자유선택활동

11:50 ~ 12:40 점심시간 및 양치질하기

12:30 ~ 13:30 실외 놀이 활동 및 실내 활동

13:30 ~ 14:30 대집단 활동

14:30 ~ 16:00 낮잠, 휴식

16:00 ~ 16:30 오후 간식

16:30 ~ 17:30 실내 자유 선택 활동

17:30 ~ 18:00 대집단활동

18:00 ~   귀가지도

종일 보육의 매력, 어린이집

저연령대부터 돌봐주는 놀이방

놀이방은 개인이 시장, 군수, 구청장에게 신고하여 설치·운영하는 시설로, 법적으로는 국·공립, 민간, 직장보육시설과 함께 모두 보육시설이지만, 어린이집으로 부르지 않고 흔히 '놀이방'이라고 부릅니다.

놀이방은 체계적인 교육보다는 사회성이나 인성교육에 중점을 두는 보육기관입니다. 어린이집이나 유치원과 달리 주로 가정에서 탁아가 이루어지며, 주로 만 1세 전후부터 만 3세 미만의 아이들이 공동생활을 합니다.

제7장 우리 아이 유치원에 가요

놀이방은 영재성이나 소질, 재능 등을 목적으로 교육하는 곳이 아닌 말 그대로 아이와 함께 놀아주고 한 인격체로서 올바르게 성장할 수 있도록 돌봐주는 곳입니다. 그러나 탁아에 목적을 둔다고 해서 교육이 시행되지 않는 것은 아닙니다.

미술이나 언어, 신체 등 고른 영역의 교육적인 활동도 더불어 이루어집니다. 유치원에 다니는 아이들의 방과 후 시간을 맡아 개별 학습지도, 음식 제공 및 과외 학원 시간 체크 등을 도와주기도 합니다.

놀이방은 비교적 아이들의 수가 적어 가정과 같이 편안한 분위기 속에서 세심하게 보살핌을 받을 수 있습니다. 또한 유치원이나 어린이집처럼 연령별로 반을 구성하지 않고 연령대가 다른 아이들과 함께 어울릴 수 있도록 합니다. 그래서 형과 누나, 동생의 개념을 알 수 있고 관계를 맺는 요령을 익히게 됩니다.

특히 혼자 지내는 것에 익숙했던 아이들은 놀이방에서의 단체 생활을 통해 사회성이 자라고, 협동심, 양보, 규칙, 질서 등을 배우게 됩니다.

그러나 아직 나이가 어려 유치원이나 어린이집보다 체계적인 교육이 어려우며, 주로 개인주택에서 운영하기 때문에 생활환경이 미비한 단점이 있습니다.

대상 연령은 만 1세 전후에서 유치원 입학 전의 유아들이 대부분이며, 비용은 12개월까지는 30만 원~35만 원, 만 1세~2세는 25만 원~30만 원, 만 2세~3세는 20만 원~25만 원, 만 4세

저연령대부터 돌봐주는 놀이방

이상은 18~20만 원 정도입니다.

〈놀이방 종일반 프로그램 (예)〉

08:00	등원 및 아침인사
09:00 ~ 10:00	실내 자유놀이
10:00 ~ 10:10	정리정돈
10:10 ~ 10:30	간식 및 휴식
10:30 ~ 11:00	개인별 학습(음악/영어/한글)
11:00 ~ 12:00	주요 활동
12:00 ~ 13:00	점심 및 양치하기
13:00 ~ 14:00	반일반 귀가지도 및 자유놀이
14:00 ~ 16:00	낮잠
16:00 ~ 16:30	오후 간식
16:30 ~ 17:00	음률 활동
17:00 ~ 18:00	소집단 개인놀이
18:00 ~	귀가지도

제7장 우리 아이 유치원에 가요

보육기관 이것만은 꼼꼼히 점검하자

- 보육과 교육이 적절히 병행되는가.
- 아이들과 눈높이를 맞출 수 있는 교육 프로그램을 실행하고 있는 곳인가.
- 맞벌이를 한다면 탁아시간 조정이 가능한가.
- 아이들이 주로 활동하는 실내 환경이나 주방이 깨끗하고, 화장실은 청결한가.
- 식사에 영양소를 골고루 섭취할 수 있는가.
- 신이 나게 뛰놀 수 있을 만큼 시설이 넓은가.
- 모든 시설물은 아이들 위주로 설치되어 있으며, 안전한가.

저연령대부터 돌봐주는 놀이방

자연과 호흡하는 공동육아 어린이집

공동육아 어린이집은 기존의 관료화된 국·공립 보육시설의 단순하고 획일화된 교육프로그램에 문제점을 느껴 설립하게 된 곳입니다. 이곳은 아이들이 가까이서 자연을 탐색하고 관찰할 수 있는 환경을 조성하여 자연과 교감할 수 있는 자연친화적인 교육을 지향합니다.

아이들에게 한글이나 숫자를 익히게 하는 인지교육과 집단적이고 획일적인 교육에서 탈피하여 유아들이 자유롭게 생활하도록 합니다.

공동육아 어린이집은 어린이와 교사, 부모 사이에 권위적인 상하 위계가 없는 평등한 인간관계를 형성합니다. 교사들과 아이들은 보다 친밀하고 자유로운 관계에서 생활하며 이를 통해 아이들의 사회성, 창의성과 주체성을 키워줍니다.

또한 장애아동과 함께 생활하며, 그들을 이해하고 더불어 지내는 방법을 배우는 곳도 있습니다.

부모들은 전체회의에서 토의도 하고, 나들이 장소와 청소 영역을 정하게 됩니다. 어린이집의 모든 행사는 아이들과 교사, 부모가 함께 준비합니다.

공동육아 어린이집은 학부모인 조합원들이 출자금을 내 터전을 만들고 함께 운영하는 데 영리 추구를 배제하고 있습니다. 보통 공동육아 협동조합은 0세부터 7세까지의 아동을 둔 30여 가구가 한 지역조합의 단위를 이룹니다. 이들은 각자 400~600만 원씩의 출자금을 모아 비교적 큰 마당이 있는 집을 전세로 얻어 직접 어린이집을 설립하고 프로그램을 운영합니다.

출자금은 졸업 시 반환되며 매월 내는 보육료는 40만 원~60만 원 선인데 적절한 수의 교사 확보, 간식비, 교재와 교구를 마련하는 등의 일상 운영경비로 사용됩니다. 교사 대 아동 비율은 일반 어린이집보다 높은 편입니다.

자연과 호흡하는 공동육아 어린이집

신체발달에 중점을 둔 유아체능단

유아체능단은 다른 교육기관에서 하는 신체활동을 좀 더 전문화 시켜 다양한 형태의 스포츠 운동놀이에 대한 단계적인 교육을 통해 균형 있는 신체발달을 도모하는 곳입니다. 대개 스포츠센 터나 사회교육센터에서 운영하며, 유아교육기관으로 공인된 기 관은 아니지만 일반적으로 유치원에서 하는 미술교육, 예절교육, 과학교육과 함께 각종 스포츠를 가르칩니다.

유아체능단은 만 3세가 되어야 입학할 수 있습니다. 스포츠는 만 6세 이전에 시작하는 것이 신체발달에 좋은데, 특히 만 4세는 대근육 활동과 소근육 활동의 조화를 이룬 교육을 통하여 본격적으로 운동의 기본 단계를 경험할 수 있는 시기입니다.

대체로 유치원처럼 하루에 3~5시간 정도 수업하며 1주일의 프로그램 안에서 수영, 롤러코스터 타기, 신체운동놀이, 리듬체조놀이, 인지학습, 미술활동, 음악활동이, 동화구연 등을 지도하며 전인적인 프로그램을 균형 있게 지도합니다.

스포츠교육기관에 처음 입학을 하게 되면 걷기, 달리기, 방향감각 같은 1차 신체적성 테스트를 받고 신체의 유연성이나 평형성, 지구력, 순발력 등을 키우는 다양한 체조와 기구를 이용한 놀이 등으로 프로그램을 진행하게 됩니다. 연령별로 수영을 하며, 매달 인형극, 캠프, 스케이트 강습, 운동회 같은 다채로운 행사를 합니다. 보통 오후 2시 이후에 수업이 끝나면 따로 설치된 시설을 자유롭게 이용할 수 있습니다.

수영, 태권도는 물론 미술, 영어 등의 교육도 병행하는 것이 일반적이며 수업료는 월 20만 원~40만 원 선입니다.

〈유아체능단 프로그램 (예)〉

▷ 수영

 - 수영장 내부시설 익히기

 - 수영장 체육관 스스로 찾아가기

 - 혼자서 수영복, 옷 입기

 - 자기 물건 챙기기(수영복, 실내화, 수건)

 - 물과 친해지기

신체발달에 중점을 둔 유아체능단

- 스스로 샤워하기

- 풀 안에서 체조하기, 벽잡고 메인풀 돌기

- 물속에 얼굴 담그고 숨참기(기본호흡)

- 영법 익히기(앉아서 다리젓기, 엎드려 다리젓기)

- 벽 잡고 자유형 다리젓기

- 자유형, 배영 다리젓기, 배영 뜨기

▷ **체육**

- 신체적성(유연성 운동)

- 바르게 서기, 걷기, 뛰기

- 팔벌려 뛰기, 버피테스트(근력운동)

- 신체표현(매트 운동, 뜀틀 운동)

- 평균대 운동(바르게 서기, 걷기, 균형잡기)

- 트렘블린 운동(수직뛰기, 뛰면서 방향 전환)

- 리듬 표현(유연성, 리듬감각 등을 발달시키는 유아 에어로
  빅 체조 익히기)

제7장 우리 아이 유치원에 가요

전문성과 정서를 함양하는 학원들

학원은 정규교육 이외에서 유아들의 교육적 요구를 개인적 차원에서 충족시키는 사회교육시설을 말합니다. 대부분 학원에서는 '유치부'를 설치, 운영하고 있는데, 학원의 유치부는 '유아교육기관'이 아니라 '사회교육기관'으로서 관인을 받아 운영합니다.

1980년대 조기 교육에 대한 부모들의 관심이 높아지면서 유아를 대상으로 한 각종 학원이 설립되었습니다. 우리나라에서 4~6세 미취학 아동들이 선택할 수 있는 사설교육기관에는 속셈·보습학원의 유치부를 비롯하여 미술학원, 태권도장, 바둑학원 등이 있고 최근에는 영어 조기 교육 붐을 타고 우후죽순처럼 생겨나고 있는 영어학원 같은 곳이 있습니다.

학원의 유치부 입학 나이는 유치원 입원 연령의 유아와 비슷하며 연중 수시 모집 가능합니다. 어린이집, 유치원과는 달리 저소득층 만 5세아 무상교육비 지원 대상에서 제외되기 때문에 저소득층 자녀가 이용하기에는 불편한 점이 있지만 유치원보다 원비가 저렴한 것이 장점입니다.

대표적으로 많은 유아가 이용하고 있는 속셈·보습학원의 유치부는 한글 터득과 수 개념 확립 및 계산력 배양을 목적으로 한다는 점에서 타 교육기관과 차별화됩니다. 물론 미술 학원이나 태권도장에서도 부수적으로 한글과 수 개념을 가르치는 곳이 대부분이고 유치원에서도 간단하게 기초 한글을 가르치고 있습니다.

이 외에도 음악, 미술 등을 가르치는 학원들은 정서를 함양시켜주고 표현력을 길러주는 장점이 있습니다. 유아기의 음악 및 미술활동을 통해서 우뇌와 좌뇌에 균형 있는 영향을 주고 아름다운 인성을 형성할 수 있도록 교육합니다.

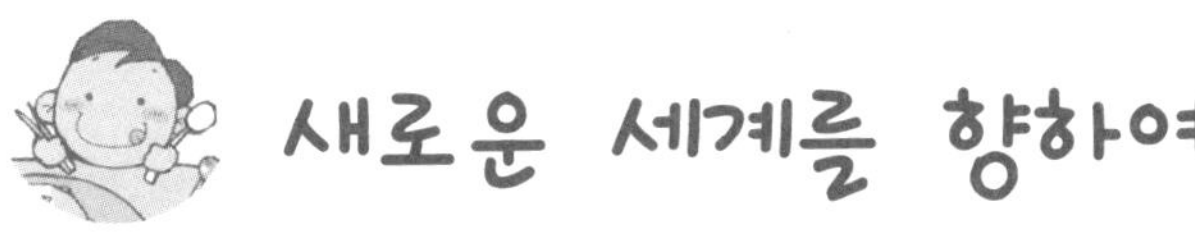

새로운 세계를 향하여

유아기가 끝나면 자녀는 초등학교에 입학하게 됩니다. 초등학교는 인생에서 처음 끼우는 첫 단추입니다. 이 단추를 어떻게 끼우느냐에 따라 아이의 인생이 달라질 수 있습니다.

이 시기의 아이가 자신감과 희망을 갖고 학교에 나니는 깃을 힘들어하지 않고, 잘 적응할 수 있도록 부모님의 준비가 중요한 때입니다.

특히 초등학교 1학년 생활은 다른 학년에 비해 개인차가 심합니다. 이러한 개인차를 극복하고 초등학교 생활을 즐겁게 할 수 있도록 하기 위해서는 부모님의 준비된 지도가 필요합니다.

간혹 1년 늦게 입학을 생각하시는 부모님도 계신데 신체적 장애나, 심각한 질병 등 특별한 사유가 있는 경우 의사의 진단서 등을 받아 학교에 제출하면 되지만, 그 외는 정상적으로 입학을 시키는 것이 바람직합니다. 부모님께서 잘 지도해주신다면 자녀는 어려운 학습도, 규칙적인 생활도 잘 해 나갈 수가 있답니다.

그와는 반대로 조기 입학을 고려하시는 부모님들도 계시는데, 입학을 연기하거나 조기 입학을 원할 때는 10월부터 12월까지 동사무소에 입학연기 신청서나 조기 입학 신청서를 학부모가 선택하여 제출함으로써 확정되므로 신중히 판단하여 결정하여야 한다.

보통 만 6세가 된 어린이는 읍, 면, 동사무소에서 취학통지서가 발부됩니다. 공립초등학교는 12월경에 취학 통지서가 각 가정으로 배부됩니다. 취학통지서가 배부되면 성명, 주소 등이 잘못 기재되어 있는지를 확인하시고 취학통지서에 적힌 날짜에 학교를 방문하십시오.

자동으로 나오는 공립초등학교 취학통지서와 달리 사립초등학교는 학부모가 따로 지원해야 합니다. 그만큼 신경 써야 할 사항들도 많습니다. 사립학교는 11월에 원서를 배부하고 11월 중순경이면 입학이 확정됩니다. 국립초등학교 또한 11월경이면 취학원서를 접수합니다.

초등학교에 입학하기 전에 자녀의 생활습관을 길러주는 것이 무엇보다 중요한데, 다음과 같은 점을 유의해 주세요.

제7장 우리 아이 유치원에 가요

• 첫째, 책상에 앉는 습관을 길러주세요.

매일 일정한 시간 동안 책상에 앉아서 무언가를 할 수 있도록 지도해 주십시오. 이러한 훈련은 나중에 학교 수업을 듣는 데 도움이 됩니다. 아이가 시간을 잘 지키고 배워야 할 것들을 잘하였을 때는 아낌없는 칭찬을 해주십시오. 매일 조금씩 시간을 늘려서 초등학교 입학 후 수업을 듣는 데 지장이 없도록 도와주세요.

• 둘째, 규칙적인 생활습관을 심어주세요.

학교는 가정과 달리 공동생활의 장소이므로 서로 배려하고 규칙과 약속을 잘 지키는 것이 중요하다는 것을 인식시켜주세요. 이를 위해 규칙적인 습관을 익힐 수 있도록 지도해 주시는 것이 바람직 합니다.

• 셋째, 자기 물건을 스스로 챙길 수 있도록 지도해 주세요.

자기 물건을 스스로 챙기게 하시고, 자신의 물건을 소중히 여기는 습관과 절약정신을 가르쳐 주세요.

• 넷째, 아침에 일어나면 대변을 보는 습관을 길러주세요.

학교의 화장실은 가정의 화장실과 달리 구형 변기를 사용하기 때문에 좌변기로 생활하던 아이들은 구형 변기로 말미임아 학교 화장실 가기를 두려워하거나 대·소변을 가리지 못하는 현상이 나타날 수 있습니다. 가정에서 대변을 보는 습관을 길러 주시고 학교에서는 소변만 볼 수 있도록 생활 습관을 길러 주세요.

새로운 세계를 향하여

• 다섯째, 기본예절을 가르쳐 주세요.

여럿이 함께 지내야 하는 단체생활에서는 기본적으로 지켜야 할 것들이 있습니다. 예를 들면 선생님께 공손하게 인사를 하고, 존댓말을 써야 한다든지, 쓰레기는 아무 데나 버리지 말고 휴지통에 버려야 한다든지 하는 기본적인 예절을 자녀에게 잘 이해시켜 주십시오.

• 여섯째, 자신감을 길러주세요.

이제 초등학교에 막 입학하는 자녀는 새로운 세계에 대한 두려움이 생기게 됩니다. 잔뜩 긴장하는 아이에게 이거 해라, 저거 해라 한꺼번에 많은 얘기를 하다 보면 자신감이 떨어지고, 겁을 먹게 됩니다. 이럴 때 칭찬은 자녀에게 자신감을 갖도록 하는 데 큰 도움이 됩니다.

• 일곱째, 최소한의 학습 능력을 키워주세요.

1학년 아이들은 학교에 입학해서 쓰고 듣고 말하는 것에 중점을 두고 교육합니다. 한글을 전혀 모르는 상태에서 학교에 가면 공부 자체가 스트레스가 될 수 있습니다. 집에서 엄마랑 함께 기본 낱말카드를 이용한 놀이를 통해서 쉽고, 재미있게 한글을 깨우치도록 합니다.

제7장 우리 아이 유치원에 가요

부모님께서 준비해야 할 것들은 다음과 같습니다.

• 첫째, 초등학교에 대해 설명해 주세요.

이제부터 다녀야 할 초등학교에 대해 미리 자녀에게 설명해 주는 것이 필요합니다. 왜 다녀야 하는지, 원 생활과는 어떻게 다른 지도 설명해 주십시오. 만약 이러한 설명이 없이 무조건 학교에 다니라고 강요하면 자녀에게 스트레스를 주어 아이가 학교에 다니기 싫어하게 됩니다.

• 둘째, 하루를 초등학교 일과에 맞도록 계획하시고 이에 맞게 아이의 하루를 진행해 주십시오. 특히 낮잠 자는 시간의 경우, 혹시 학교 일정과 겹치지는 않는지 체크해보시고 낮잠 자는 시간을 조절해 주세요.

• 셋째, 처음 학교에 들어간 아이들은 제약된 생활에 매우 피곤해합니다. 하루 생활을 의욕적으로 시작할 수 있도록 아침 식사를 잘 챙겨주십시오.

• 넷째, 집 주소와 전화번호를 외울 수 있게 하세요.

새로운 세계를 향하여

3세에서 7세 교육이
아이의 평생을 결정한다

1판 1쇄 발행	2011. 11. 07
1판 2쇄 발행	2012. 01. 25
지 은 이	문서영
펴 낸 곳	책읽는달
주　　소	서울시 영등포구 양평동5가 39번지 우림라이온스밸리 1차 A동 1408호
전　　화	02-2638-7567
팩　　스	02-2638-7571
등록번호	제2010-000161호

ⓒ 문서영, 2011

I S B N　978-89-965462-5-2 13300

● 잘못된 책은 본사나 구입하신 곳에서 바꾸어 드립니다. 책값은 뒤표지에 있습니다.